丛书编委会

总 策 划： 来新国　王文成

编委会主任： 郭齐勇　周晓亮

编 　 委： 来新国　陈知涯　张　彧　尹格韬　沈　众

王文成　孟淑贤　周长志　罗养毅　秦　丹

乌　琛

大家精要

徐渭

周群 著

陕西师范大学出版总社

图书代号 SK16N1007

图书在版编目(CIP)数据

徐渭/周群著. —西安：陕西师范大学出版总社有限公司，2017.1（2024.1重印）
（大家精要）
ISBN 978-7-5613-8824-2

Ⅰ.①徐… Ⅱ.①周… Ⅲ.①徐渭（1521—1593）—传记 Ⅳ.①K825.72

中国版本图书馆CIP数据核字（2016）第321626号

徐 渭 XU WEI

周 群 著

责任编辑　刘　定
责任校对　王雅琨
封面设计　张潇伊
出版发行　陕西师范大学出版总社
　　　　　（西安市长安南路199号　邮编 710062）
网　　址　http://www.snupg.com
印　　制　永清县晔盛亚胶印有限公司
开　　本　650 mm×930 mm　1/16
印　　张　10
字　　数　100千
版　　次　2017年1月第1版
印　　次　2024年1月第2次印刷
书　　号　ISBN 978-7-5613-8824-2
定　　价　45.00元

目　录

第 1 章

多舛的命运、多艺的人生

徐渭（1521~1593），初字文清，后改文长，号天池生，晚年号青藤道人、田水月等。明正德十六年（1521）二月初四日生于绍兴府山阴县大云坊的观桥东之徐第。徐渭自号天池，他在为赵氏赋诗时诠释了自号的寓意，诗云："予耽庄叟言真诞，子爱江郎石更奇。讵意取为双别号，遂令人唤两天池。"庄子《逍遥游》中所描写的御风而行、万里鹏程的高蹈行谊是徐渭年轻时所追求的人生境界。

一、早年学履

徐渭家乡绍兴山明水秀，乃人文荟萃之地。徐渭家世军籍。诚如徐渭诗云："吾宗本掾流，困书出休假。干轨苦不多，负戈蒙绛帕。远戍致夜郎，履鞔趋传舍。终年苦肩臂，幸不死戎马。迄来二百年，子孙袭罔赦。"

徐家虽然不是门庭显赫，但也是一个富足之家，徐氏一族大多是富厚寿考之人。但据徐渭的诗文所载，其祖先在明初受牵连而被放逐到贵州龙里卫充军，而世为军籍。徐渭之父名徐锶，字克平，弘治二年（1489）以贵州籍贯应乡试，中武举人，后任巨津州知州（治所在今云南玉龙纳西族自治县西北巨甸），官至夔州府（今四川奉节县）同知。徐锶平生喜爱清劲之竹，号竹庵主人，可见徐锶当具有一定的审美素养。徐渭乃徐锶之庶出。徐锶原配夫人为童氏，童氏生二子：一为徐淮（字文东），一为徐潞（字文邦）。童氏去世后，徐锶鳏居十二年之后续娶云南江川县的苗氏为妻，苗氏无嗣。据徐渭记载，苗氏生性绝敏，略知书，持身严毅尊重，莫不敬惮。徐锶晚年纳苗氏婢女为妾，生徐渭。但是，徐渭出生刚百天，徐锶即去世。大约在徐渭十岁时，因徐氏家道中落，徐渭的生母苗氏被迫离开了徐家，直到嘉靖二十八年（1549），徐渭才将生母接回奉养。在生母苗氏离开徐家的漫长岁月里，嫡母视徐渭如己出，对其钟爱有加，徐渭对嫡母苗宜人的教养十分感激，云："其保爱教训渭，则穷百变，致百物，散数百金，竭终身之心力，累百纸不能尽。渭粉百身莫报也。"同样，嫡母对徐渭的影响也不难想见。

长徐渭达二十九岁的嫡兄徐淮是另一位对徐渭关心殊甚，且影响较大的人。当嫡母去世之后，徐渭随徐淮生活。徐淮无子，"兄视之如己子"。根据徐渭所作的《伯兄墓志铭》记载，徐淮一方面性情耿直，沉毅寡言，有长者之风；另一方面，又洒落散宕，性嗜丹术，优游放任，乃至遍游名山，足迹几遍天下，期求得与神仙偶遇。徐淮的烟霞之趣、散宕性情在徐渭的身上也留下了些许印记。徐淮虽然对徐渭关爱有加，但他以高蹈潇散的性情持家，其结果便不难想象。徐淮"又喜施贷，贷或十百金，不责券，人往往负之，亦不改，以故渐散其赀数千金殆尽"。因此，徐家的窘迫之境也愈加严重。徐渭幼失父爱，继而又母子别离，这对于其幼小心灵的摧折无疑是颇为严重的。

幼年的徐渭在嫡母苗宜人及伯兄徐淮等人的呵护之下，体会到了真情的温暖，也曾度过了一段欢娱快乐的时光，徐渭在其后的诗文中对此也时有记载，如《郭恕先为富人子作风鸢图》诗云："风吹鸢线搅成团，挂在梨花带燕还。此日儿郎浑已尽，记来嘉靖八年间。"徐渭还与同里数童子，时常骑竹马游戏于街巷之中，乃至风尘缕缕，昏蔽一巷。

徐渭早年即聪慧过人，六岁入小学读书，即学习《大学》、唐诗，日诵千余言。八九岁时又随当时的塾师陆如冈学时文，陆氏对徐渭的过人才华深为惊叹，批文道："是先人之庆也，是徐门之光也。"十六岁时，徐渭即拟扬雄《解嘲》而作《释毁》。徐渭少年时还多方习艺，培养了对艺术的兴趣与感悟，如他从王政习琴，王政仅教其一曲《颜回》，他便自会打谱，一月即学会了二十二首曲子，并自谱《前赤壁赋》一曲。他又向乡老陈良器习琴。在读私塾时，与萧女臣交谊甚深。萧氏乃一疏狂之士，喜好秦汉古文、老庄诸子、仙释经录及古书法。可见，幼年的徐渭天才早慧，显示了卓荦的才华，并在人文荟萃的绍兴，受到了多方面学术文化的滋养。

读书习文以求用世，必须通过科举之途。由于家道的中落，徐渭对功名的渴求更过于常人，但徐渭虽然才华卓异，他的科场搏击却十分艰辛。徐渭二十岁为山阴县学诸生，参加乡科而不第，这对初入科场的徐渭是一个不小的打击。但徐渭并没有向命运屈服，尤其是窘困的家庭状况，迫使徐渭又作了一次努力。他致书提学副使张岳，自述其时运不辰、幼本孤独的危苦之境，书云："业坠惟绪危，有若碁卵。学无效验，遂不信于父兄，而况骨肉煎逼，箕豆相燃。日夜旋顾，惟身与影。"同时，因为"徒手裸体，身无锱铢，去路修阻，危若登天"，无法步父兄之路，以贵州籍入试。不得已而托书自陈，祈求给予再试机会。徐渭虽然言辞恳切，但通篇发抒的则是少不遇时的磊落情怀，自谓其"君子缙绅至有宝树灵珠之称，刘晏、杨修之比，此有识共闻，非敢指以为诳"。"再试有司，辄以不合规寸摈斥于时。"又云："夫以伍员策士，志在报楚，犹吹埙而假食于蒲关；韩信壮夫，未遇汉王，尚垂钓而寄餐于漂母。""激昂丈夫，焉能婆娑蓬蒿，终受制于人？"恰如徐渭所述，时文僵硬之规寸束缚了无数像徐渭这样才情沛溢的青年才俊的仕进之途。不知是徐渭洋洋洒洒二千余言的上书使张岳动了怜才悯士之心，还是其为徐渭恺切陈情而不失傲兀之气的豪情所折服，最终张岳开恩于徐渭，让他复试。这时正好遇到方廷玺新任知县，徐渭于当年考中了秀才。但是，这也是徐渭一生中仅有的一次成功的科场努力，其后，徐渭二十余年的搏击，则再无收获。徐渭如剑芒江涛、偏宕无状的文字，显然非文规律格所能拘束。因此，拔俗不群之士往往不能入于干禄之途。虽然他也曾得到过提学副使薛应旂的青睐，被推置为第一，并判其试论曰："句句鬼语，李长吉之流也。"但这仍未能改变结果。徐渭之所以得到薛氏的称赞，与薛应旂"深以俗学时文为忧"乃至"悒悒不满"的态度有关。薛应旂同样也是主张崇本刊华的学者，因此，薛氏对徐渭青睐有加，乃至于曾说全浙无一生可与语，独与徐渭庶几相得。科场是徐渭的人生噩梦，对其性情、创作都产生了重要的影响，他在《四声猿·女状元》中对科场弊端进行了深刻的揭露："文章自古无凭据，惟愿朱衣暗点头。"

徐渭虽科场蹭蹬，但是其兴趣广泛，诚如其在《上提学副使张公书》中所云："志颇闳博，自有书契以来，务在通其概焉。"徐渭青年时期的多方学习、广综博取，为其成为兼通多种艺术门类的巨擘打下了坚实的基础。这一时期，徐渭与师友之间的学习交流为其奠定了良好的学术、艺术基础。这概可分为"师类"与"学侣"两类。

就"师类"而言，对徐渭的影响主要在于学术思想方面。徐渭出生于阳明学的发源地，浙中是阳明学风最盛的地区，其中，对徐渭影响最大的是被他在《畸谱》中列为"师类"的几位，几乎都是阳明学的传人：

萧鸣凤（1480~1534），字子雍，浙江山阴人，弱冠乡试第一，正德九年进士。萧鸣凤曾督学南畿，时人曾以萧北斗颂之。官历河南、广东督学副使，文章行业为世所宗。著有《静庵文录》《诗录》《教录》，《杜诗注》若干卷。而据《明史》本传载，萧氏"少从王守仁游"。据徐渭《畸谱》记载，当徐渭九岁时，萧鸣凤在广东学政任上，因愤挞肇庆知府郑璋，被考察罢官归里，徐渭得以与萧鸣凤相见。徐渭曾与萧鸣凤之侄萧女臣一起在私塾读书，交谊深笃。女臣以书法著称，喜好秦汉古文、老庄诸子、仙释经录，而不喜举业。性情疏落卤莽，鄙薄世俗。这一切都与徐渭声气相通。女臣年仅三十九岁而卒，徐渭闻讣"哭寺中几绝"。亲撰《萧女臣墓志铭》。

季本（1485~1563），字明德，号彭山，会稽人，正德十二年进士，授建宁府推官，征为御史，以言事谪揭阳主簿，官至长沙知府。师事王守仁，其学贵主宰而恶自然。季本悯时人论学空疏之弊，苦心穷经，学风与阳明诸弟子有所不同。季本著述繁富，概有《易学四同》《诗说解颐》《春秋私考》《四书私存》《说理会编》《读礼疑图》《孔孟图谱》《乐律纂要》《律吕别书》等。徐渭对从学季本的经历有如是记载："山阴徐渭者，少知慕古文词，及长益力；既而有慕于道；往从长沙公（季本）究王氏宗；谓道类禅，又去扣于禅。久之，人稍许之。然文与道终无得也。"徐渭深受季本影响，尤其是季本之"龙惕说"与王畿之"见在良知"迥然有异。在两位师长的论争过程中，徐渭更倾向于季本的龙惕说。季本去世后，徐渭作《季长沙公哀词》，其情哀婉感人："槐树宛低回，犹疑讲席开。死因双宿去，生为六经来。绕瑟飞春水，传灯暗夜台。三年更筑室，未了独居怀。"在徐渭看来，季本乃真正承祧阳明学脉的学者，其《季先生祠堂碑》云："先生（季本）早闻新建致良知之旨，既浸溢，惧后之学者日流而入于虚也，乃欲身挽其敝，著书数百万言，大都精考索，务实践，以究新建未发之绪。"又云："长沙王先生道宗新建,力破陈编,独立敢言。"徐渭在《畸谱》中列"纪师"与"师类"两种名单。"师类"凡五位,分别为王畿、萧鸣凤、季本、钱楩和唐顺之,均为名显一时的学人,概是指对徐渭学术影响显著者。"师纪"凡十五位,其中有数位徐渭明显标记为"短侍"者,可见,这些都是曾为徐渭授业的师辈。而兼及"纪师"与"师类"者,仅季本一人,且明确记载："廿七八岁,始师事季先生,稍觉有进。前此过空二十年,悔无及矣。"可见,季本堪称是对徐渭影响最深的一位学人,其影响不仅限于季本所穷究的阳明未发之绪,而且还对徐渭的学术、艺术影响颇大。季本崇尚严谨的学风,在徐渭注释《参同契》《尹文子》《楞严经》,撰著《山阴县志》中都隐约可寻。深谙音律的季本,对于徐渭的戏曲成就亦多助益。徐渭的学生王骥德有云："吾乡季长沙《乐律纂要》《律吕别书》诸书,宏博浩繁。"对于季本的声律成就评价甚高。

王畿(1498~1583)。王畿是徐渭表兄,字汝中,别号龙溪,山阴人。嘉靖二年下第归而受业于阳明,举嘉靖十一年进士,授南京职方主事,不久以病归里。起原官,稍迁至武选郎中,夏言斥其伪学,遂乞休而归。处林下四十余年,无日不讲学,自两都及吴、楚、闽、越、江、浙,都有讲舍,无不以其为宗盟。八十六岁而卒。王畿对阳明学的流布产生了重要的影响。当时"文成门人益进,不能遍授,多使之见先生(王畿)与(钱)绪山"。王畿堪称是阳明后学中创制最多的一位,以泰州学派和王畿为代表的王学现成派在中晚明思想界产生了巨大的影响，晚明文学思潮的兴起与王畿、罗汝芳思想的沾溉有着直接的关系。诚如黄宗羲所云："阳明先生之学，有泰州、龙溪而风行天下。"徐渭将唐宋派盟主之一的唐顺之也视为"师类"，而唐顺之也受王畿的启教，诚如黄宗羲所记载："先生（唐顺之）之学，得之龙溪者为多，故言于龙溪，只少一拜。"王畿与唐顺之"异形同心，往返离合者，余二十年"。因此，有亲属关系的王畿对徐渭的影响不但较早，而且是全面具体的。

钱楩，字八山，号云藏，山阴人，嘉靖五年进士，官至刑部郎中。从现存的《皇明经济文录》中所收录的钱楩所著《筑堡》《徭役》《种马弊政事》等文来看，钱楩是一位极用世者。但弃官归里后，钱氏曾著有《逃禅集》，徐渭为之作《逃禅集序》，在序文中徐渭对于高冠务干禄之徒的辟佛之论进行批驳，认为，这就如同"睹川泽之产而不知其海之藏"，实乃"至溷而无比，块然略无所见者"，对钱楩的逃禅行为进行了辩解。事实上，钱楩还曾在秦望山半岩修道，徐渭在《师长沙公行状》中说："钱君楩，始以文章、老、释自高于世，终亦舍所集而就业于先生焉。"当然，就对于浸淫于佛道而言，徐渭主要还是受徐淮的影响为多。徐渭曾作《阴风吹火篇呈钱刑部君》诗一首，诗前小序述及嘉靖三十五年钱楩在钱塘江西陵渡口作法事，普荐国殇，使其得超度解脱。其后，徐渭在《答钱刑部公书》中有云："门下是出世人，作出世事，仆虽不得其门，曩时亦尝留意于此宗。"徐渭所谓"曩时"已隐含了非受钱楩影响而"留意"于佛道的意思。钱楩还曾见列于季本的门墙，因此，徐渭与钱楩实乃亦师亦友的关系。

唐顺之（1507~1560），字应德，号荆川，武进人。嘉靖八年会试第一。授武选主事。后改翰林编修，春坊司谏。当东南倭乱之时，以郎中视师浙江，躬身泛海，屡破倭寇。擢右金都御史，巡抚淮、扬，屡破倭寇。五十四岁卒于泰州。唐顺之是唐宋派的盟主之一，为古文汪洋纡折，在明代中叶，屹然为一大宗。唐顺之是一位文道兼擅的学者，还被黄宗羲《明儒学案》列为南中王门。唐顺之事功勋业也十分卓著，对徐渭的影响全面而深刻。徐渭与唐顺之相识比较迟，嘉靖三十一年（1552）当倭寇渐盛之时，唐顺之有用世之意，到越中射猎观海，万鹿园（表），谢狷斋（瑜），徐龙川（学诗）等与其同行，季本、王畿尽地主之谊，唐顺之从薛应旂那里得知徐渭文章卓异，始招徐渭在舟中论文，从此相过从。徐渭为文风格与唐顺之十分相似，唐顺之曾惊叹道："此文殆辈吾。"并且还因徐渭为文风格与唐顺之相似而引出了一段文坛趣话。据陶望龄《徐文长传》载："尝大酒会，文士毕集，胡公又隐渭文语曰：'能识是为谁笔乎？'茅公读未半，遽曰：'此非吾荆川必不能。'胡公笑谓渭：'茅公雅意师荆川，今北面于子矣。'茅公惭愠面赤，勉卒读，谬曰：'惜后不逮耳。'"此之"茅公"即为唐宋派重镇茅坤。徐渭将唐顺之列为"师类"，且文似荆川，这当是徐渭对荆川心仪而手摹所致。

当徐渭的学术、艺术思想逐渐形成之时，他常常与越中名士们一起雄谈阔视，挥毫泼墨，渐而有结社之举，史载："渭与萧柱山勉、陈海樵鹤、杨秘图珂、朱东武公节、沈青霞炼、钱八山梗、柳少明文，及诸龙泉、吕对明称越中十子。"十子之中，钱梗曾被徐渭列为"师类"，这是因为徐渭先有承学钱八山，而后有"越中十子"之称之故。因此，十子都可看成是同道学侣的关系。与"师类"诸贤主要是对徐渭在思想学术方面的教益稍有区别，与徐渭同被列为越中十子的多为艺术与性情方面相得的同道，学侣之间的商论与影响同样对徐渭的艺术与人生道路产生了一定的影响。其中，与徐渭关系最为密切者，除了钱梗之外，当数陈鹤、沈炼和杨珂等。

陈鹤，字鸣野，一字九皋，号海樵山人。山阴人，嘉靖举人。颖悟绝群，甫成童，知好古，买奇帖名帖，昼夜诵览。年十七，以例袭其祖军功，官百户。画水墨花草，最为超绝。今有《海樵先生全集》二十一卷本、《陈鸣野集》一卷存世。徐渭曾作《〈书陈山人九皋氏三卉后〉跋》。嘉靖四十四年，徐渭为陈鹤作《陈山人墓表》，对于陈鹤的学识才艺有这样的论述："鹤真书得晋人位置法，颇有韵。""自云出钟太傅，其径四五寸以上者，劲秀绝伦，草效狂素，亦枯硬，结构未密。""其言一气万类，儒行玄释，凌跨恢弘，既足以撼当世学士。而其所作为古诗文，若骚赋词曲草书图画，能尽效诸名家，既已间出己意，工赡绝伦。其所自娱博戏，虽琐至吴歈越曲，绿章释梵，巫史祝咒，櫂歌菱唱，伐木挽石，薤辞傩逐，侏儒伶倡，万舞偶剧，投壶博戏，酒政阄筹，稗官小说，与一切四方之语言，乐师蒙瞍，口诵而手奏者，一遇兴至，身亲为之，靡不穷态极调。"可见陈鹤是一位疏狂潇散之士。当时陈鹤的书画成就已誉著一时，乃至"四方之人，日造其庭，尽一时豪贤贵介，若诸家异流，无不向慕，愿得山人片墨"。颇有洛阳纸贵情形。诚如王骥德所云："陈鸣野先生，以诗、画、书翰推重一时。"徐渭在与友人一起吟咏陈鹤的水仙花图时有诗云："海樵笔能移汨罗，分明纸上皱鳞波。况添一种梅花妹，比较《离骚》香更过。"徐渭极写陈鹤之画不但有"能移汨罗"的神功，更有观花以闻香之效，可见，陈鹤之画已臻于化境。陈鹤年长徐渭几十岁，当陈鹤的诗、书、画已达圆熟之境时，徐渭尚为一初涉艺文的侧帽少年，因此，陈鹤的性情、艺术方面对徐渭的影响当是深刻而具体的。

十子之中，对徐渭人格熏陶最大的当数沈炼。沈炼（1507~1557），字纯甫，号青霞，会稽人。嘉靖十七年进士，知溧阳，因忤御史而调茌平，入为锦衣为经历。沈炼性情刚直，疾恶如仇。当俺答犯京师时，诏廷臣博议，沈炼认为敌由严嵩所起，上疏劾严嵩十大罪，刚愎自用的明世宗大怒而杖之，并被谪佃保安。边民们都敬慕沈炼忠义，多遣使子弟就学。沈炼痛恨严嵩父子，缚李林甫、秦桧以及严嵩的草像，令弟子攒射。总督杨顺、巡按路楷承严嵩旨意，诬陷沈炼与白莲教阎浩等人谋乱，遂被弃市。后被追谥忠愍。著有《青霞集》《鸣剑集》《塞垣尺牍》等。沈炼长徐渭十四岁，虽然沈炼与徐渭并无尺牍交流，但两人是亲戚关系，徐渭称其堂姐夫，自然颇为熟悉。沈炼对徐渭亦期许甚殷，据《畸谱》载："沈光禄炼谓毛海潮曰：'自某某以后若干年矣，不见有此人。关起城门，只有这一个。'"徐渭对沈炼极为敬慕，尤其是沈炼不畏强权、忠勇爱国的情操对徐渭有极大的震撼。徐渭作《赠光禄少卿沈公传》，将两人的关系喻若屈宋，云："'甚矣，君之似屈原也!'然屈原以怨而君以愤，等死耳，而酷不酷异焉。虽然，死不酷，无以表烈忠。今夫干将缺且折，其所击必巨坚也。……悲夫!宋玉为屈原弟子，原死，玉作些招原魂。余于君非弟子，然晚交耳。君徙居塞垣时，余直寄所怆诗一篇，愧宋玉矣!"更重要的是，沈炼痛詈严嵩的事实，成了徐渭创作《四声猿·狂鼓史》的基本素材。因此，《狂鼓史》绝非纯粹演绎历史故事，而是针砭时弊的檄文。同时，沈炼忠勇不屈，期在治平，以及诗文中表现出的愤懑与悲壮，都对走马看剑、"眼空一世，独立一时"的徐渭提供了人格的高标，性情的范则。

杨珂，字汝鸣，余姚人，曾侍阳明讲学于余姚龙泉寺中，隐居秘图山。从杨珂的行谊、性情与才秉来看，杨珂与徐渭十分相似。据《姚江逸诗》载，杨珂不以科举为事，自放于山水之间，天台、四明山名胜杨珂题咏殆遍。当白云满谷之时，杨珂便背负巨瓮纳白云于其中，以纸封口，置之草堂。当天日晴朗之时，以针刺引之，云气缕缕而起，萦绕梁间，呼朋以为笑乐。其高致逸性不难想见。在艺术上杨珂亦与徐渭意趣相通，为此受到了执守古法的王元美之不屑。《姚江逸诗》有云："所临晋唐帖得其神似，书法与徐文长齐名，而王元美故以险怪目之，以一时艺苑共走，太仓秘图、文长皆不屑也。"

除此，越中十子中的吕光升，号对明山人，长于吟诗作画。徐渭与其有诗文赠答，作有《对明篇》《吕山人诗序》等。其《吕山人诗序》谓："山人抱奇才，有深计，雄视思任，不得效尺寸而抑在山间，此虎豹而麋鹿之，人或未知也。"朱公节，字允中，号东武山人。以诗称著，曾与陈鹤、沈炼等组成自柯诗社，其诗骨清真，有古逸民之风。柳文，字彬中，以诗文见称，徐渭与柳文虽中年始有交谊，然相知颇深，徐渭在柳文去世后所作的《都昌柳公墓志铭》中云："渭于公为中年交，然谊颇不浅，故相期者亦深。处时，日夜握手语，及出时，时寄书来，书中语未可一一为人道也。"可见两人乃无话不谈的知己。十子之一的诸大绶则是对徐渭人生相助甚力的一位。诸大绶（1523～1573），字端甫，号南明，登嘉靖三十五年进士第一，授修撰，官至礼部侍郎，谥文懿，有《诸文懿公集》。诸大绶与徐渭交谊颇深，徐渭曾作《南明篇》，对大绶极为推崇，以崇山喻大绶，云："天姥迢迢入太清，更分一壁作南明。"进而极写大绶卓越的才秉，不凡的人生，云："里中词客本神仙，去住山中年复年。耽游李白时飞梦，乘兴王猷每泛船。有时引翠来窗牖，无日将青去几筵。文章本许江山助，藻翰元抽草木妍。一自山南走燕北，雾雨文深玄豹隔。对策时成一万言，传胪竟压三千客。昨日新从杏苑行，今朝已得侍承明。词臣旧自推枚乘，史笔今来让长卿。"徐渭因家难而入狱，性命堪虞，徐渭曾致书大绶，期以"云雨之救枯槁"。正是因为大绶与张元忭等人努力为之脱罪，徐渭才得以幸免。

不难看出，越中十子虽然年齿不一，科第不同，出处有别，但都是深受越中文化滋养的一时俊杰。他们或以诗文著称，或以书画见长，更重要的是，他们都具有豪放磊落的情怀，几乎无一不是豪荡之士、性情中人。如果说徐渭的学术思想多受"师类"诸贤的影响，那么，徐渭在艺术上的精进、性情的涵养，则主要得益于与十子之间的交谊。从陈鹤、杨珂那里得丹青水墨之助，从沈炼那里得峥嵘气节，从吕光升那里得慷慨雄肆。总之，越中十子之间的砥砺与交谊在徐渭的思想、艺术乃至人生上都留下了清晰的烙印。

但徐渭一生的前期经历了太多的磨难。首先是因为父亲病故，为了减轻家庭负担，生母改嫁，这给幼时的徐渭以较大的伤害。嘉靖十三年（1534），对徐渭教爱备至的嫡母苗宜人病卒，当时徐渭尚年方十四，无所依凭，只得随不善料理家政的长兄徐淮生活。嘉靖二十年，当徐渭二十一岁时，娶年仅十四岁的潘氏，潘氏性情质朴，对徐渭十分体贴，夫妇过着和睦幸福的生活，徐渭曾为潘氏作诗云："一尺高鬟十五人，爱侬云鬓怯侬胜。近来海舶久不到，欲寄玟瑰簪未曾。"但潘氏在生长子徐枚后，不幸病卒，年仅二十岁。夫妇形貌仿佛，徐渭在潘氏去世后为其取名，"君姓潘氏，生无名字，死而渭追有之。以其介似渭也，名似，字介君"。可见夫妇二人之情感深笃。十二年之后，徐渭在书室之中检得旧札，悲从中来，遂作诗七首，其中有云："掩映双鬟绣扇新，当时相见各青春。傍人细语亲听得，道是神仙会里人。"可见徐渭与潘氏相爱甚笃。

在潘氏亡故之后，徐渭又经历了祖产诉讼失败。加之科考无果，一连串的打击使得徐渭处于相当窘困的境地。由于科场之困，仕进无门，徐渭一家的生活仍较贫寒，多年租居在一残破陋室之中，徐渭的《补屋》诗状写了当时的贫寒窘状："僦居已六年，瓦豁绽椽缝。每当雨雪时，举族集盆瓮。微溜方度楣，骤响忽穿栋。有如淋潦辰，米麦决筛孔。五月候作梅，一雨接芒种。菌耳花箧衣，烂书揭不动。"当然，最沉重的打击还在于科场挫折。虽然薛应旂在徐渭三十二岁秋闱初试时将其评为第一，但复试仍未中举。从嘉靖十九年至四十年，徐渭"举于乡者八而不一售"，鬓霜齿豁而科场无进，科场的摧折扭曲了徐渭的人生轨迹。

二、胡幕生涯

虽然徐渭在科场苦苦搏击而久无所获，但大约在徐渭三十六岁时，他的人生开始了转机。

这与徐渭家乡的抗倭战争以及总督军务的胡宗宪有直接关系。嘉靖三十六年（1557），朝廷改巡抚浙江都御史阮鹗于福建，其浙江巡抚事由总督胡宗宪兼理，胡宗宪集抗倭大权于一身，威权震东南。据史载，胡宗宪性善宾客，招东南士大夫谋议抗倭大计，遂誉满士林。此时，胡宗宪已得知徐渭文名，遂将徐渭招至幕下。兼任督抚伊始，即命徐渭作《代胡总督谢新命督抚表》，为胡宗宪向朝廷表达了矢心图报，仗天威而策勋，尊庙算以周旋，誓将浩瀚溟渤化为清宁太平的雁鹜之池。其实，这也表达了久困场屋而心忧天下的徐渭的真实情愫。事实上，徐渭在入胡幕之前即已投入抗倭斗争之中，当抗倭名将俞大猷破敌归来时，府城百姓感激涕零，徐渭也赋诗赠俞大猷，称颂其"经春苦战风云暗，深夜穷追岛屿连"，表达了对抗倭英雄的敬意。徐渭还直接参加了抗倭斗争的徭役，而且撰写了对于时局的看法，徐渭认为，对于失路欲脱的倭寇，当"委狡猎者一二人，若逃徒状，使其虏为向导，左其路，而预伏选兵于阻隘以待"。并对当时普遍的用兵思想提出了质疑，认为抗倭宜速战，并设想了详细的破敌方略，显示了徐渭的军事才秉与积极入世的人生态度。

进入胡幕后，胡宗宪对其礼甚周至。这一方面是因为胡宗宪性喜宾客，以延揽名士称名于时，当时的东南才俊田汝成、茅坤、沈明臣等人都被胡宗宪招至幕中，徐渭虽然厄于科场，但其文名已称誉一方，自然受到了胡宗宪的青睐。另一方面是因为名士对于胡宗宪有特殊的作用：明世宗喜斋醮，好青词。青词一般用骈俪体，文辞华美，沈德符《万历野获编》有载："上又留心文字，凡俪语奇丽处，皆以御笔点出，别令小臣录为一册。"因此，当时善写青词或文辞华美者往往格外受到重用。据《明史·宰辅年表》的统计，嘉靖十七年后，内阁十四个辅臣中，有九人是通过写青词起家的。如礼部尚书李春芳即是因为善撰青词而"大被帝眷"。同样，呈进的表奏，因文辞优美也易于得到嘉靖帝的欢心。真正使胡宗宪对徐渭青睐有加，便是因为起草《白鹿表》一事。徐渭到胡府之后，主要司掌记室之职。当时胡宗宪部属在舟山捕获了白鹿，而被认为是绝世难逢的祥瑞灵兽，于是，胡宗宪将白鹿送呈嘉靖帝，并随之呈上进白鹿表文。最初表文并非徐渭所撰，概是因为当时胡幕人才济济，徐渭虽已初具文名，但论功名尚是一介诸生而已。最终还是徐渭以才华而使胡宗宪折服，并成为其代拟奏表文字最多的幕僚。对于此次撰写并呈进《白鹿表》的过程，陶望龄在《徐文长传》中有详细记载："时方获白鹿海上，表以献。表成，召渭视之。渭览罢，瞠视不答。胡公曰：'生有不足耶？试为之。'退具稿进。公故豪武，不甚能别识，乃写为两函，戒使者以视所善诸学士董公份等，谓孰优者即上之。至都，诸学士见之，果赏渭作。表进，上大嘉悦。其文旬月间遍诵人口。公以是始重渭。宠礼独甚。"

捕获及呈进两只白鹿是在不同的时间，因此，表文亦有两篇。虽然内容都是歌颂嘉靖德涵三极、道摄万灵的功绩，但文辞简约而华美，气象不凡。不难想象，既然都城之中的文人学士对其作品称赞首肯，喜祥瑞而嗜佳制的嘉靖帝想必也是龙颜大悦。表面看来，这虽然仅是徐渭文才偶露而已，但是，徐渭巧妙地将白鹿的出现与抗倭战争联系起来，谓："地当宁波定海之间，况时值阳长阴消之候，允著晏清之效，兼昭晋盛之占。"表示倭患消灭之日可期，稍稍消解了嘉靖帝灭倭的急切心情，为胡宗宪的抗倭争取了一定的时间。因此，呈进白鹿以及徐渭草拟的表文，对明代抗倭斗争与胡宗宪的政治生命也产生了些许影响。据《明史·胡宗宪本传》记载，当汪直被杀之后，新的倭寇又大举侵袭，皇上曾严旨斥责胡宗宪，胡宗宪怕获罪，上疏表陈战功，被迫说出了倭寇指日可灭的豪言。朝廷认为其欺诞不实，嘉靖帝怒，尽夺诸将俞大猷等职，严辞斥责胡宗宪，并令其克期平贼。当时偏佑胡宗宪的赵文华已获罪而死，胡宗宪在朝中已失内援。想到倭寇尚未歼灭，想求媚于嘉靖，以更好地实施抗倭大计。正当这时，在舟山获取白鹿，便呈献于嘉靖帝，固然"帝大悦，行告庙礼，厚赏银币。未几，复以白鹿献。帝益大喜，告谢玄极宝殿及太庙，百官称贺，加宗宪秩"。这也是何以徐渭对记室之职"百辞而百廪"的原因。

当然，灵兽祥瑞之荒诞，谀美表文之虚辞，徐渭有十分清醒的认识。这些作品并非徐渭心曲所衷，而实乃不得已而为之。当徐渭离开督府之后，曾记述了其撰写《白鹿表》的复杂心情："予被少保公檄，自获白鹿而令代表于朝始，其后踵至者凡十品，物聚于好，殆非虚语欤？时予各欲赋以讽公，未能也。"徐渭以及幕僚们未能赋讽宗宪，根本原因即在于这些近乎荒诞之举，恰恰关乎抗倭大计，对此，胡宗宪亦当有明确认识，徐渭未能以赋讽之，实乃明智之举。当然，《白鹿表》受到文人学士乃至嘉靖帝的肯认，也改变了徐渭在胡幕中的地位，使其成为胡宗宪最为倚重的代笔者。其后，袁宏道在《徐文长传》中云："公（胡宗宪）以是益重之，一切疏记皆出其手。"徐渭自己亦云："予从少保胡公典文章，凡五载，记文可百篇。"虽然撰写代拟之作使徐渭有些许苦闷，这就是为文章者往往或显或隐，显者位尊，隐者名高，而代拟者往往处于不显不隐之间，这种尴尬与隐痛时时萦绕于徐渭心头。这一现象的产生往往有其必然性，根源则在于当时以时文取士，诚如徐渭所分析的那样："故业举得官者，类不为古文词，即有为之者，而其所送赠贺启之礼，乃百倍于古，其势不得不取诸代。"因此，"代者必士之微而非隐者也"。从这个意义上来说，徐渭的代拟之痛，也是其场屋之痛的一部分。更重要的是，代拟之作需承秉胡宗宪之意，而不得不附迎当时宦场之习，而不能尽抒心中之块垒，这使徐渭感到尤为痛苦。对此，徐渭以韩昌黎为时宰所作的《贺白龟表》，用词谄附，而自著之《谏佛骨表》

则直露坦陈为例，说明代拟之作非执笔者的心曲所寄。

尽管如此，幕中数年仍然是人生旅途多难的徐渭较为顺达与自得的一段时光。这主要是因为虽然司掌记室之职，但代拟之作中还是展示了徐渭的政治、军事、文学才华，使久久难以发抒的抱负通过这一曲折的形式得到了展示。因此，对于这些作品，徐渭也是如"山雉自爱其羽"般珍爱有加。同时，胡宗宪确实对徐渭颇为优宠，对此，陶望龄在《徐文长传》中有这样的记载："渭性通脱，多与群少年昵饮市肆。幕中有急需，召渭不得，夜深，开戟门以待之。侦者得状，报曰：'徐秀才方大醉嚎嚣，不可致也。'公闻，反称甚善。时督府势严重，文武将吏庭见，惧诛责，无敢仰者，而渭戴敝乌巾，衣白布浣衣，直闻门入，示无忌讳。公常优容之，而渭亦矫节自好，无所顾请。"但是，徐渭仍然是"数赴而数辞"，个中原因是复杂的。除了代拟之作不能尽抒己意之外，更重要的还在于从宦场中体察到了政坛环境的险恶。正因为如此，他辞归之后给胡宗宪的书信中，每每都描述自己蓬跌不支、精神恍惚之状。但尺牍文思条贯，显然是神志清醒之作，徐渭屡辞记室之职，实乃全身避祸的手段而已。险恶的宦海风云对徐渭精神的摧折可想而知。

在夹杂着苦痛与荣宠复杂心态司职于胡幕时，徐渭仍然没有打消科场进取的念头。嘉靖四十年（1561），徐渭参加第八次乡试，虽然权重东南的胡宗宪也悯其蹭蹬未进，意欲相助。据陶望龄《徐文长传》记载："诸帘官入谒，属之曰：'徐渭，异才也。诸君校士而得渭者，吾为报之。'时胡公权震天下，所出口无不欲争得以媚者，而偶一令晚谒，其人贡士也。公心轻之，忘不与语。及试，渭牍适属令，事将竣，诸人乃大索。获之，则弹摘遍纸矣。人以是叹渭无命。"自此，徐渭始与科场长别。此时的徐渭已是志虑荒塞，精神创伤益重。同时，徐渭时时担心的宦海风云终于激荡而起。当胡宗宪率军在浙、直、江、福等地取得抗倭胜利，因功加少保，荣宠一时之后，被逮削籍，罪名是胡宗宪侵盗军饷及严嵩同党。但是，嘉靖帝对胡宗宪垂爱殊甚，据《明史·胡宗宪本传》记载："宗宪非嵩党。朕拔用八九年，人无言者。自累献祥瑞，为群邪所疾。且初议，获直予五等封。今若加罪，后谁为我仕事者。其释，令闲住。"加之，御史崔栋称宗宪并无侵盗军饷的行为，宗宪所用仅是军中用以贾勇赏谋、鼓舞之术而已。崔栋指出，如果赏赐之用谨守绳墨，哪有今日荡平倭寇的结果？尽管胡宗宪避过了此难，但最后还是因与严嵩及其子严世蕃的关系而被逮下狱。

虽然徐渭的胡幕生涯就此结束，但是，由于嘉靖帝大肆斋醮，当政者投其所好，必然多方罗致具文学才华者于幕下，而徐渭善撰骈俪之文的声名已誉著庙堂，礼部尚书李春芳也深知徐渭所撰深符嘉靖之意，遂命门人查氏与胡氏招徐渭入幕，徐渭遂应李氏召而入京。但是，入李幕则是一个痛苦的经历，这一方面是因为李幕人数众多，徐渭所受到的恩遇远不及胡幕，诚如其《寄彬仲》诗中所云："平原食客多云雾，未必于中识姓名。"另一方面，更重要的是李春芳与徐阶关系密切，据《明史·李春芳本传》记载："徐阶为首辅，得君甚。"而胡宗宪被罢，幕后主使实乃徐阶，胡宗宪对徐渭恩宠有加，徐渭入李幕存在着情感隔膜。加之，多年的记室代拟生涯，徐渭已深切地体会到宦场风云的险恶。因此，徐渭在京的数月之中，仅仅起草文书一两篇而已。虽然李春芳还是执意延聘，使得徐渭"一年中往来京师"，但最终还是固辞不受，踏上了归程。

三、病狂与入狱

徐渭从李幕辞归不久，即发狂而引巨锥刺耳，流血狼藉。对于徐渭发病原因，徐渭在《海上生华氏序》中说是"有激于时事"，也就是因政治事态的变化而引起的，这是比较可信的自述。三年之前，胡宗宪下狱，其后又坚辞权臣李春芳，这些都是徐渭所说的"时事"激变。这也得到了陶望龄、钱谦益等人的认同，他们都认为徐渭因惧祸而发狂，但张汝霖则认为徐渭是由佯狂而后变成真狂。张汝霖在《刻徐文长佚书序》中还认为，徐渭之狂不仅仅是"惧"，还是"愤"，这就是其"痛少保功而谗死，冤愤不已，而力不能报，往往形之诗篇。狂中画雪压梅竹，而题云：'云间老桧与天齐，滕六寒威一手提。折竹折梅因底事，不留一叶与山溪。'其感慨激烈之意，悲于击筑，痛于吞炭，人徒云虑祸故狂，知之政未尽也"。张氏一门与徐渭交谊深笃，其父张元忭曾与诸大绶等人一起救徐渭于牢狱，其孙张岱曾搜徐渭佚书十余种刻印流布。因此，徐渭之狂的原因，张汝霖的记述尤其值得依凭。事实上，正是在徐渭发病期间，胡宗宪又一次被逮至京，并死于狱中。对于胡宗宪下狱而死,徐渭屡有悲愤不平之辞,如《十白赋》云:"公死于华亭氏。予寄居马家,饮中烛蚀一寸而成十章。讽固无由,且悲之矣。"所谓华亭氏,即是指相国松江(华亭)徐阶。在当时险恶的政治气氛之下,徐渭还是用曲笔影射权相徐阶,如他所作《氛何来》云:"氛何来?由水木,连公工。尧老倦勤厌甲兵,窃权而败时当严,氛伺得之揽天纲。"所谓的"水木"连"公工",即是松江,也就是华亭徐阶。徐阶虽然较为庸常,但也为革除嘉靖末期的弊政有一定的贡献。徐渭深恶徐阶,原因即在于徐阶诬陷了胡宗宪。因此,张汝霖说徐渭因"愤"而狂,并非无稽而谈。

如果徐渭所说的"激于时事"主要是导致徐渭发狂的外在原因,那么,还有一些使徐渭致狂的更为切己的原因,这就是为何同样身在胡幕,深受胡宗宪优宠,并为胡宗宪抱不平的沈明臣等人并未发狂的重要原因。一方面,徐渭虽才情沛溢,但科场蹭蹬,"举于乡者八而不一售",其中的苦闷与磨难对于其心灵的摧折不难想见,对此,他在《畸谱》中有明确的记载:"应辛酉科,复北。自此祟渐赫赫。"显然,科场失利直接加重了病情。另一方面,不幸的家境也使得徐渭长期抑郁苦闷。早年丧父,继而生母被迫离家。婚后两次入赘,经济上依附于他人,这对性情傲兀的徐渭来说,无疑是莫大的痛苦。其后,相濡以沫的爱妻潘氏死于肺病,两个哥哥又相继去世。潘氏去世后,徐渭其后的几次婚姻经历都如同噩梦。或谓之"劣",或谓之"劣甚。如被治而误,秋,绝之,至今恨不已"。最后娶张氏,但并未给徐渭带来幸福的生活,而是长期被猜忌所折磨，最后终于将妻子击杀。可见，徐渭的一生几乎都被痛苦与不幸所笼罩，因此，徐渭的发狂，既有因政治环境而产生的"惧""愤"心理有关，又与痛苦与艰辛的人生际遇不无关系。

嘉靖四十五年（1566），徐渭击杀继室张氏而入狱。对于徐渭杀妻的原因，是故杀还是误杀？是否为病狂时击杀？徐渭的自述也矛盾迭出，欲语还休。在《畸谱》中曾自云："易（癔）复，杀张下狱。"意思是因狂而击杀。有时，徐渭对此又有否定，《上郁心斋》尺牍云："顷罹内变，纷受浮言，出于忍则入于狂，出于疑则入于矫。但如以为狂，何不概施于行道之人，如以为忍，何不漫加于先弃之妇？如以为多疑而妄动，则杀人伏法，岂是轻犯之科？……抑不知河间奇节，卒成掩鼻之羞，贾宅重严，乃有窃香之狡。"徐渭在给郁心斋的信中诚恳地否认了杀妻是因为病狂，并不是一时的矫情妄动，而是故意而为。其原因即是信中隐约地传达出的"掩鼻之羞"与"窃香之狡"，也就是说是因为张氏外遇而杀。对此，冯梦龙在《情史·徐文长》、顾公燮在《消夏闲记摘抄》、黄文旸在《曲海总目标提要》中则踵事增华，更加绘声绘色，如冯梦龙在《情史》卷十三《徐文长》中记载："徐渭妻死之后，续娶小妇，有殊色，而与一俊僧勾搭成奸，徐渭外出归来，'忽户内欢笑作声，隔窗斜视，见一俊僧，年可二十余，拥其妇于膝，相抱而坐。渭怒，往取刀杖，趋至欲击之，已不见矣。问妇，妇不知也。后旬日复自外归，见前少年僧与妇并枕，昼卧于床，渭不胜愤，怒声如吼虎，便取铁锥急刺之，中归顶门而死'。"那么为何徐渭在《畸谱》中称是因为"易复"，而独在给郁心斋的书信中透露隐衷呢？《畸谱》是公开示人的徐渭生平纪年，而《上郁心斋》则是一封私人信函。徐渭对郁心斋吐露心曲的原因得从郁心斋其人谈起。据张元忭所撰《前进士颍上令山阴墓志铭》载，郁言字从忠，号心斋。嘉靖三十八年与绍兴知府岑用宾同榜进士。可见，徐渭写信给郁言，是希望郁言与绍兴知府岑用宾疏通，以求"出万死于一生"。虽然后人多信从了徐渭杀妻是因"窃香之狡"使其然，但是，徐渭同乡后进陶望龄则并不这样看，他认为徐渭为人"猜而妒，妻死后有所娶，辄以嫌弃，至是又击杀其后妇，遂坐法系狱中，愤懑欲自决"。也就是说，所谓其妻"窃香之狡"有可能是徐渭生性多疑所致。因此，后人演绎徐渭遗事也往往多是小说家言，不可凭信。

虽然杀人者死，但是，深受苦痛煎熬的徐渭已并不畏死，因此"有阴变起而九自裁"。徐渭对于自己的人生几乎已彻底绝望，而狱中的生活更是苦不堪言，《寄莫叔明》诗云："我与鼠争食，尽日长苦饥。"并且时时有死刑之虞。在寄答杨珂的诗中写道："但使时节至，一鼓广陵琴。"几年之后，生母病卒，徐渭由同门好友丁模出面保释出狱，以料理葬母之事。丁模，字子范，号肖甫，与徐渭乃三代世交，比邻而居。据徐渭所作的《肖甫诗序》可知，丁模自幼即与徐渭一起习干禄文字以及辞章义理，交谊深笃。丁模在徐渭患难时的相助，使其苦寂的心灵得到了些许慰藉。同时，狱中的徐渭并没有中断与同道友朋的文字交游，如他与张元忭、沈一贯、杨珂、冯惟讷、马勋等人都有诗文相寄赠，尤其是张元忭赴京会试，徐渭以寄相赠，云："身伴棘墙鼠，心摇芳草途。不得双握手，惟听只呼卢。"当其状元及第时，徐渭欣喜异常，极少作词的徐渭连填两首，并"喜而浮大白者五"，为元忭廷对之捷志贺。当然，徐渭"浮大白"之豪饮，也有徐、张二人科场迥异的失落，对自己命运的惋叹，诚如其得知张元忭廷对报捷后所作的词中所云："男儿到此平生足，却惹起愁人一醉，消他万斛。"除此，徐渭还在狱中作了《参同契注》。可见，徐渭被系狱中，还是受到了一些不同于一般囚徒的宽缓待遇，其原因一方面是因为诸大绶、张元忭等享状元隆名的友朋为其疏通，更重要的是徐渭才华卓异，而地方官吏也时常需要由徐渭代拟文牍，知府岑用宾还遣人入狱访晤徐渭，并为官府撰写了《修郡学记》。徐渭作有《谢岑公赐席》，云："任使之余，遽有几筵之彻。"可见，徐渭在狱中期间尚受到"几筵"相待。同时，求书索画者也时时有之，因此，徐渭的文艺创作并未受到太多的影响，尤其是书法技艺，在狱中数年获得大进。据《绍兴府志》载："文长素工书，既在缧绁，益以此遣。"人生的困厄与艺术的精进相伴而生。同时，狱中的经历使其对世态风情有了更多的体悟，对其人生观念产生了一定的影响。

徐渭入狱数年受到了桎梏之所的羁束，情形十分窘迫，沈炼之子沈襄到狱中探望，见其"抱梏就挐，与鼠争残炙，虮虱瑟瑟然"。这还是肉体所受之苦，同时，还有一直存在着的生命之虞的困扰，徐渭所受到的心理煎熬不难想见。庆幸的是徐渭得到了诸多友人的鼎力相救。从徐渭的诗文中可以看出，张大复、张元忭父子，山阴知县徐贞明，按察使朱篁，会稽知县杨节,侍郎诸大绶等人出力尤多。如,对张氏父子,徐渭《祭张太仆文》云:"公之活我也,其务合群喙而为之鸣。"对徐贞明,徐渭《送徐山阴赴召序》云:"始渭之触罟而再从汛也,非公疑于始而得之真,则必不能信于终而为之力也,必使之活而后已。"对朱箈,徐渭为其所作的哀词云:"及余在圜中,亲入相慰藉。佐觞备海物,烹鸡荐鲋鲊。及予脱梏归,县官向余话:尔非朱按公,不得相僭假。顾公见我时,不泄反如哑。"对杨节,徐渭《送杨会稽》诗云:"余生偷一日,感泪积千行。勺水喝干鲋,残羹活翳桑。买丝将作绣,刻木且焚香。"对于诸大绶,徐渭在致诸氏的书启中云:"从此余生,并是付之再造。"正是这些朋友有"大慈悲上菩萨之行,兼以猛担当全龙象之雄",使得徐渭免去了性命之虞。其后神宗即位,也沿袭了新帝登极而大赦天下的惯例,徐渭得以赦免。隆庆六年(1572)除夕,伴着千门万户新桃换旧符的爆竹之声,徐渭终于走出了环堵萧然的方寸之地。屈指算来,已届七载!徐渭开始曾受枷械之苦,如今得以保释,欣喜莫名,诗人恣意谈谑的性情立见,曾两作《破械赋》,云:"其在今日也,栩栩然庄生之为蝴蝶。其在昨日也,蘧蘧然蝴蝶之为庄生。"又云:"多其高义,随我四年,我分殉之,何心弃捐。"

疏狂不羁的徐渭,祸起闺闱,而拘羁圜中数年,使其深受羁束之苦,急切需要借纵游山水以消解心中的郁闷。当春阳朗照的清明,他与门人马国图等人樵舍于宛委山若耶溪上,继而游云门,买醉梨花树下,与友朋一起烹笋品茗,烧灯夜坐。春日阳和,与圜中生活判若霄壤,徐渭欣喜莫名,赋诗曰:"闲来注罢景纯经，客舍樵居烟雾生。流水细分床畔响，群峰尖与笔端迎。春城笋茗来双客，夜火清明坐二更。却喜香炉峰霭尽，明朝不用雨中登。"

行间看山岚水色，见福地灵区，注解郭璞《葬书》。其书虽佚，然《著郭子序》尚存。注中提出了"人与万物皆穴土以生"的思想。其后又作诸暨五泄之游，旅程数百里。友朋结伴而游，一路欢声笑语，心情十分舒畅。归来不及，即参加修撰《会稽县志》。当时张元忭告归，县令杨维新聘其主纂，而徐渭则是实际撰稿人。徐渭所撰的县志，风格自然畅达，如他论会稽水利时说："夫会稽上承诸流而下迫海，其赋入之多寡，恒视畜泄之时不，故亩者胃也，上流者咽喉也，海者尾闾也，故咽喉治，尾闾节，则胃和而精，不则不失，咽喉、尾闾，胃之所由以养者也。"更重要的是，徐渭撰志，亦如其做人，并不一味谀美，赞颂乡土民情，而是有褒有刺，大书如今俗中之"瘤"，他说："而今之所安者，婚论财，嫁率破家，乃至生女则溺之，父母死不以戚，乃反高会召客，如庆其所欢事，惑于堪舆家则有数十年暴露其父母而不顾者。"这就是他所说的俗之"瘤"，而作者勇于揭其"瘤"于世人，目的在于"我今且受药，且图自化为常肤"。因此，撰修县志，并非通常所作的表彰乡曲文雅风流的差事，而是表达他自己政治理论的一个重要工具，如，他在《徭赋论》中说："徭役之法，盖莫善于今之一条鞭矣，第虑其不终耳。其意大略谓均平之始行也。"再如，他论及百姓治生当以户口与田亩相适应而后可以安民，但他对当时富人占地而贫者无地的现象提出了批评，在《会稽县志诸论·户口论》中说："夫口与业相停，与养始不病，养不病而后可以责民之驯。今按于籍口六万二千有奇，不丁不籍者奚啻三倍之，而一邑之田，仅四十余万亩，富人往往累千至百十等其类而分之，止须数千家而尽有四十余万之田矣。合计依田而食与依他业别产而食者，仅可令十万人不饥耳，此外则不沾寸土者，尚十余万人也，然即令不占于富，而并分之土亦不足矣，乌在其为不病于养哉？既病其养，而欲责其驯，加于无恒产而有恒心者则可耳，而若是者能几何人哉？噫，亦穷矣。"显然，徐渭所论，昭示了社会不公平的要害，显示了徐渭强烈的经世思想。如此撰志，非徐渭所不能。

四、北游经历

由于徐渭科考之途屡屡受阻，而明代的游幕文人也不像宋元之前游幕之士可以姓名通于台阁，禄秩注于铨部，明代幕客并没有仕进的途径，因此，布衣徐渭的人生之途注定仍然还需要继续游幕来应付生活之需。其中，北上宣府是徐渭的一次较愉快的人生经历。

徐渭北上宣府，是应宣大巡抚吴兑之邀而成行的。吴兑（1525～1596），字君泽，号环洲，嘉靖进士。隆庆中累擢佥都御史，巡抚宣府。万历二年以俺答、三娘子款贡功，加兵部右侍郎。吴兑与徐渭同里，两人少年同窗，据徐渭《赠吴宣府序》记载，他们还曾共同制服横行乡里的悍卒。吴兑任巡抚的宣府为九边之一，是京师西北的重要屏障。

徐渭与吴兑虽然身份悬殊，但并没有主、幕之间的隔阂，这与入胡幕迥然有异。此次吴兑邀其北上，固然亦有代拟之需，但更主要的还是出于少年友情，为羁縻达七年之久的徐渭提供一个北上优游的机会。诚如徐渭在《答王新建》中所云："旅次朔漠，遂复迫冬，无一毫之益于主人，徒费其馆谷而已。"正因为这种特殊的身份，徐渭在宣府俨然是座上宾，而非幕下之客。宣府的文武官员亦将徐渭视若同侪。如《上谷仲秋十三夕，袁户部、雷麻两总戎、许口北诸公邀集朝天观》诗云："桂影渐能盈，松坛赏不胜。朔尘终夕敛，边月倍秋明。投辖冯车倚，归鞭信马行。忽思王子晋，客帐梦吹笙。"其间，徐渭还与当时的宣大总督方逢时相识相知，在《赠方公序》中，徐渭提出了对边境防务的看法，认为："今之虏，其贡与市，人见其若此之驯也，以为虏固犹是也；而不知其雄黠北鹜慢中国，而几肉视其边陲，终世宗之朝，竭猛将谋臣之力而不能御。"认为方逢时"用战以为抚"的策略是完全正确的。

徐渭在宣大期间与北国边将过从甚密，时常一起走马扬鞭。《赋得风入四蹄》诗四首，即是描写雷总戎骑千里风，风擘戎衣而仅存其背的飒爽形象。诗云："骏马四蹄风，形容有杜公。一尘不动外，千里飒然中。白草连天靡，苍鹰蹋翅从。檀溪不须跃，随意过从容。"字里行间充满着对北国风情的热爱。宣府之行是徐渭创新的一个高峰时期，作品从风格到内容都显示了别样的色彩，并通过诗作寄予了对时事的看法，如《胡市归》："胡养复胡王，无鹰不饱扬。满城屠菜马，是鼻掩绵羊。即苦新输辇，犹胜旧杀场。从来无上策，莫笑嫁土嫱。"

正确的御边之策会给边庭带来迥然不同的情景。而另一首《胡市》提出了战而有节，以战为和："千金赤兔匿宛城，一只黄羊奉老营。自古学棋嫌尽杀，大家和局免输赢。"再如："西山一带一何高，万脊千棱插作刀。寄语胡儿休骤马，恐将高鼻跌成坳。"表示了御边必胜的信心。除此，写边塞风光的诗作也颇为多见，如，《宣府教场歌》："宣府教场天下闻，个个峰峦尖入云。不用弓刀排虎士，天生剑戟拥将军。"《边词廿六首》中的第三首记载了徐渭对边塞风情的体察："墙头赤枣杵儿斑，打枣竿长二十拳。塞北红裙争打枣，江南白苎怯穿莲。"其中的第十一首描写人物极其细致准确："葛那颈险断胡刀，蓦手攀颏按得牢。归向镜中嫌未正，特搓过左一丝毫。"需要指出的是，徐渭此次漠北之行，对俺答部执政数十年、力主休战通商的三娘子有所了解，在其诗歌中不无赞美之词，如《边词》之十五："女郎那取复枭英，此是胡王女外甥。帐底琵琶推第一，更谁红颊倚芦笙？"在二十六首《边词》之中，有六首专门描写三娘子，多赞美三娘子红妆御马的英姿。其中第十三首"唤起木兰亲与较，看他用箭是谁长"一句尤其值得注意，三娘子的形象极可能是徐渭创作《四声猿·雌木兰》的重要原因。

这次北上之旅，还得以与李如松相识。李如松乃辽东总兵李成梁之子，长期任西北边地要职，其后率兵东征，参加了抗倭援朝战争，官至辽东总兵，加太子太保。当时的李如松"挟其两弟新破胡而来"，徐渭在《赠李长公序》中生动描写了李如松英武烈烈的风姿："弓刀血尚殷，投鞭一语辄竟日，气陵逸不可控制，视天下士无足当之者。"而其《赠辽东李长君都司》《写竹赠李长公歌》中对如松随父大战平虏堡的忠勇行为有精彩的描绘："公子相过日正西，自言昨日破胡归。宝刀雪暗桃花血，铁铠风轻柳叶衣。百口近来余几个，一家长自出重围。禅关夏色炎如此，听罢凄霜杂霰飞。"徐渭对于李如松的赞美与敬佩还与李氏父子平虏堡之战中所受的不公之遇有关。当时因军法严苛，阻滞了忠勇之士的血战，且战报失序，显示了明末军务弊端。为此，徐渭在诗歌中记述了与李如松对话的经过，痛陈了当时军人们"不死虏手死汉法"，"武人谁是百足虫，世事全凭三寸笔"的严酷现实。自此，徐渭与骁勇过人且雅好艺文的李如松相知相得，两人"谈说鼓鼙，盼睐弓剑，日沉月升而犹不忍别去"，成为莫逆之交。李如松对徐渭深为体恤，相助甚多。他们之间的情谊是晚年徐渭心灵的一大慰藉。李如松在生活上对徐渭多有济助，徐渭《答李长公》云："刘君来，得长公书并银五两。前此亦叨惠矣，何勤笃乃尔耶？令人不可当。"并且资助徐渭著作的刊行。徐渭次子徐枳也被李如松聘入幕中，徐渭也曾欣然前往李府，最终因病而折返。这一文武之间声气相求的佳话，实源于英雄相惜。徐渭途中惜返而不忘在《赠李宣镇序》中纵论军政，老病而不堕青云之志。这一切，与英武烈烈之李如松何其相似！

　　长期生活于南方的徐渭，在领略了边庭的风土人情之后，又渐生怀乡之意，诚如其《答王新建》中所说："每陟高眺远，凄不胜情。南望关榆，益倍知己之想。"遂有南归之意。万历五年（1577），徐渭离开宣府。此次北上，徐渭收益颇多，尤其是对于科场不进的徐渭来说，吴兑以其幕客之名，为其备了"十年粟藿"之后，取道京师，并留居数月。这时的徐渭心情是优容的，他与张元忭同游摩诃、法藏诸刹，一起酬唱步和。徐渭优游于京师的阔大雄浑的景观之中，"一日惟看一殿回"。友朋的相济与交游使徐渭的心灵得到了莫大的慰藉。这年秋天，在其子徐枚的陪同之下经水道回归故里。

此次北上为徐渭的艺术创作提供了重要的生活体验。归来之后，徐渭的诸种艺术也臻于一新的境界。就书画艺术而言，即使是病中，仍然书翰不断。据其自述，病中"侍笔墨者，抱纸研墨，时一劝书，谓可假此以消永日，便成卷轴"。在文学创作方面，除了一般的赋诗唱和，书牍往还之外，极有可能在这段时间内完成了《四声猿》的创作。

但是，此时的徐渭经常受到病魔的困扰，在万历六年（1578）徐渭与友人相约，一起往绩溪凭吊胡宗宪，但途中因风雨频袭，江水暴涨，遇阻于杭州十数日。因旅途劳顿，凭吊幕主，心情凄惶，遂至严州时旧病复发，不得已而返回。两年之后的秋天，徐渭又应张元忭的邀请而至京师。元忭父子在徐渭受刑拘之时相助其多，张、徐两家乃多年世交，此次元忭邀其赴京，可能是考虑到徐渭生活比较窘迫，希望在京师徐渭能通过翰墨文章方面的卓荦才艺获得生活之需。对此，徐渭在与道坚的书牍中曾述及："今之入燕者，辟如掘矿，满山是金银，焚香输入，命薄者偏当空处，某是也。以太史义高，故不得便拂衣耳。"但实际效果则并不理想，只是因为难以拂却张元忭之美意。此次赴京期间，徐渭看到了汤显祖的《问棘邮草》，且赋诗相寄。徐渭称若士所作为"平生所未尝见",评价极高。其《读问棘堂集拟寄汤君》诗云:"兰苕翡翠逐时鸣,谁解钧天响洞庭。鼓瑟定应遭客骂,执鞭今始慰生平。即收吕览千金市,直换咸阳许座城。无限龙门蚕室泪,难偕书札报任卿。"徐渭与汤显祖这两位"崭然有异于时"的文坛巨匠,虽然年齿不一,科名不同,但在王世贞、李攀龙笼罩文坛之时,虽然各得一面,但他们相互推扬。据徐朔方先生《汤显祖年谱》考证,徐渭《渔乐图》即是仿汤显祖《芳树》的写作手法。汤显祖《芳树》中段十二句,芳字重复二十三次;徐渭《渔乐图》中间十二句,新字重复二十九次。诚如其所云:"七言歌行字或词适当重出,以使音节浏亮,意想回环,不失为修辞一巧。""《芳树》自是才人逞新弄巧,近乎游戏。文长以耳顺之年犹作此技,则为后七子之反感使之然。"他们都对当时七子派笼盖宇内文坛的情形深为不满,扫空王李是他们共同的诉求。因此,从这个意义上说,徐渭与汤显祖虽未相见,但他们的共同期许与努力,都为晚明文学思潮高潮的到来作了重要的铺垫。

虽然张、徐两家为多年世交,但在京师期间由于张元忭矩矱俨然的性情与生性自然豪纵的徐渭迥然有异,徐渭在京师与元忭比屋而居,但心情并不愉快,对此,张元忭之子张汝霖《刻徐文长佚书序》中也有明确记载,徐渭"间尝入长安,苦不耐礼法,遂去走塞上,与射雕者竞遂于虏骑,烟尘所出没处,纵观以归"。且元忭对徐渭也不同于吴兑与李如松,元忭清苦自立,对朋友也并无多少慷慨相济,对此,徐渭也颇为失望，在《与柳生》中说："在家时，以为到京，必渔猎满船马。及到，似处涸泽，终日不见只蹄寸鳞。言之羞人。"可想而知，徐渭离开京师的心境颇为凄然。

五、贫病晚年

此次从京师归来，直到终老，徐渭再也没有离开绍兴故里。他时常终日闭门与数人饮噱，而深恶富贵之人。据陶望龄《徐文长传》记载，当时"自郡守丞以下，求与见者皆不得也"。晚年的徐渭更深受病痛之苦，不但困扰多年的"脑风"时时发作，从其著述中不难看出，徐渭还时常受到蛇等动物的惊吓而病倒。再加上徐渭常常饮酒自乐，一次醉后跌伤肋脊，继而生疮。身体每况愈下，乃至于"两股粗如斗，扶筇接往来"。晚年，长子徐枚与徐渭失和日久，析居于妻家，徐渭以老病之躯，偕次子徐枳徙于范氏家。对此，徐渭赋《雪中移居》诗二首，令人凄怆不忍卒读：

> 十度移家四十年，今来移迫莫冬天。破书一束苦湿雪，折足双铛愁断烟。罗雀是门都解冷，啼莺换谷不成迁。只堪醉咏梅花下，其奈杖头无酒钱。

> 高雪压瓦甍折椽，跋冻移家劳可怜。长须赤脚泥一尺，呼佣买酒赊百钱。饥鸟待我彼帘外，梅花送客此窗前。百苦千愁不在念，肠断茫茫黯黯天。

随着病情的加重，徐渭手颤而不能作画，还需要养活八口之家，不得已只能依靠鬻书卖画聊博生活之需。徐渭曾作《画易粟不得》诗，描写了晚年贫苦的生活情状："吾家两名画，宝玩长相随。一朝苦无食，持以酬糠秕。名笔匪不珍，苦饥亦难支。一身犹可谋，八口将何为？"

据陶望龄《徐文长传》记载，徐渭有书数千卷，后斥卖殆尽。实在不得已，为了一家之生计这位垂暮老人还持锹就圃："老去圃难便，艰难七十年。"晚年徐渭的贫苦可见一斑。同时，徐渭晚年还受到心灵上的诸多摧折。长子徐枚品行不端而使父子失和，徐渭在《改草》中痛苦地慨叹道："前世不知作何业，有此恶种。"万历十六年（1588），多年的世交张元忭卒于翰林院修撰任上。虽然徐渭入京时与元忭相处并不愉快，但这仅是因性情殊异使然，惺惺相惜而不形于言表。元忭去世，徐渭深感悲痛，涕泗横披襟袖间。徐渭内心的苦痛不难想见。

晚年的徐渭贫病交加，幸有李如松等人的相助，门生故旧的往还。次子徐枳被李如松招入幕中，对徐渭甚为关护。更重要的是有其所钟爱的艺文滋润着徐渭的心灵，使其虬屈的生命之树顽强地挺立于这艰危的环境之中。即使是临终之前不久，徐渭还坚持泼墨挥毫。虽然常有不遇于时的悲叹，但对艺术的热爱与执着伴随着徐渭走完了最后的人生，诚如其《葡萄》所云："半生落魄已成翁，独立书斋啸晚风。笔底明珠无处卖，闲抛闲掷野藤中。"

万历二十一年（1593）伴着挚友李如松抗倭战争的频频报捷，这位艺术巨匠带着一身的病痛以及对远征的枳儿的思念离开了人世。没有隆重的葬礼，没有达官显贵扶柩送别，因为离去的仅是一布衣、一病翁、一衣衫破蔽的老叟。但随着日月的迁转，后世的惋叹与怀念愈来愈烈，人们意识到，在晚明的绍兴古城，一位卓绝的文化巨匠怆然离开了人间。

第2章

学宗阳明：徐渭的学术思想

一、师法王畿、季本与"惕亦自然"的工夫论

徐渭出生地绍兴，是阳明学弘传、影响最大的地区。对于阳明，徐渭屡有论及，他不但请吴兑出资刻《王阳明集》，并且作《新建伯遗像》诗一首，诗云："方袍綦履步从容，高颡笼巾半覆钟。千古真知听话虎，百年遗像见犹龙。夜来衣钵今何在？画里须眉亦似侬。更道先生长不减，那能食粟度春风？"徐渭在《畸谱》"师类"中所列的王畿、萧鸣凤、季本、钱楩、唐顺之五人都是阳明学的传人，其中最为著名的当数王畿、季本与唐顺之。唐顺之是明代唐宋派的中坚，对徐渭的影响主要在于文学。就学术方面来看，对徐渭影响尤深的是王畿与季本二人。

阳明学自天泉证道始渐分宗衍派。黄宗羲《明儒学案》将

阳明后学分列为浙中王门、江右王门、南中王门、楚中王门、北方王门、粤闽王门、止修学案和泰州学案等。黄宗羲分列王门主要是依据地域。其实，同一地区的阳明门人学术旨趣迥然者常常有之，徐渭之师王畿与季本虽然同属浙中王门，然为学取向并不相同。季本是阳明学派中为学风格较为独特者，他"闵学者之空疏，只以讲说为事，故苦力穷经"。他又"穷九边，考黄河故道，索海运之旧迹"，欲"以为致君有用之学"。这显然与王畿等人不为形迹之防，包荒为大，无净秽之择的为学取向迥然有异。由此，季本与王畿在自然与警惕的问题上发生了争论。季本针对当时的自然现成论，著《龙惕书》赠同门杨月山，说："今之论心者，当以龙而不以镜，龙之为物，以警惕而主变化者也。"以龙喻心。他说："以龙言心则或潜或见，或大或小，出则显于天下，入则藏于无形，随时所遇，动必惕然。"各人所见虽然不同，用力疾徐有别，但"因时知惕则一而已矣"，而"此皆龙德之所为也"。季本所论，改变了通常以水、镜喻心的路数。季本之论一出，引起了阳明学派内部的热烈讨论。王畿、聂豹、邹守益、张元忭等人或附应，或驳议，其中王畿与邹守益的观点最具代表性。驳议者王畿说："学当以自然为宗，警惕者，自然之用，戒慎恐惧未尝致纤毫之力，有所恐惧便不得其正矣。"折中者邹东廓说："警惕变化，自然变化，其旨初无不同者，不警惕不足以言自然，不自然不足以言警惕，警惕而不自然，其失也滞，自然而不警惕，其失也荡。"

对于季本与王畿两位师长之间的迥异观点，徐渭并未回避，作《读龙惕书》一文，全面地表述了对两位师长自然、警惕论的态度。徐渭认为，王畿的自然论与季本的警惕论都是诠论道体过程中的不同表述。但他特别指出季本警惕论之于救自然之弊的作用。他说："甚矣，道之难言也，昧其本体，而后忧道者指其为自然。其后自然者之不能无弊也，而先生复救之以龙之惕。夫先生谓龙之惕也，即乾之健也，天之命也。"徐渭虽然承认了人心之惺然而觉，油然而生，而不能自已，均非因思虑而启之，非有作为以助之，这一切莫非自然。那么，何以需要论警惕呢？徐渭认为，这是因为有人伪而不自觉，悉以为自然，即如其所说："舜入宫，自然也，忸怩，亦自然也，闲居为不善，自然也，继而愧，自然也，既而又作伪以著其善，亦自然也。"因此而造成了这样的状况："见起者为本来，逾距者为帝则，因真恕妄，所遗实多。将清净者喜其无情，圆活者忘其诡随，遂非者假口洒脱，而放肆者遂至于无忌惮。"因此，徐渭对于王畿以自然救支离的论学取向提出了质疑。徐渭还站在季本的立场上对王畿的驳议提出了反批评。他说："而今之议先生者，得无曰，惕者循业发现，如论水及波，终非无体，随时执捉，如握珠走盘，反窒圆机，亦或未谅先生之本旨矣乎？夫见赤子入井而怵惕，此惕也，谓之循业发现也。未见赤子之先与既见赤子之后，或寂然而静，或纷然而动，而吾之常明常觉常惺惺者无有起灭，亦不可不谓之惕也，亦不可不谓之循业发现也。"

　　徐渭所谓"议先生者"就是指王畿。徐渭认为王畿对季本的批评并不正确，警惕并不是循业发现的因时之意。王畿说季本倡以警惕即如握珠走盘、反室圆机。徐渭认为这是没有体察季本之本旨。他提出业无际，发现无际，惕亦无际，这就是全体，而非别有另外之全体。因此，徐渭对于季本忧道之心深有感悟，因而怅然援笔，为季本申辩。当然，徐渭之为学兼宗季本、王畿。他在自然与警惕的问题上同样也体现出折中圆融的一面。他说："惕之与自然，非有二也。自然惕也，惕亦自然也。"只是徐渭感受到了良知现成论之流弊，因此，他认为"所要在惕而不在于自然"。这也正是季本论说警惕之本意。季本所论警惕与宋儒诚敬之意有所不同，季本是阳明门人，他充分肯定了阳明良知说前提，在《龙惕书》中说："吾师阳明先生提出良知示人，知者主也，天之则也，因动而可见者也，正指吾心之惕然处而言也。"同样，徐渭之论警惕也并不是要否定阳明学，而是要纠阳明后学以流行为本体，无所拘执，渐至荡越之偏，目的是使阳明学之宗风不坠。徐渭虽然为文力求本色，但是，严格说来，徐渭与李贽以及其后的袁宏道尚有不同，他为季本警惕论的申辩可见其对于良知现成，以流行为本体的为学倾向颇为不满。这是我们理解徐渭学术思想、文艺思想尤其值得注意的。

尽管如此，徐渭也并未完全趋从于师说。对于季本的警惕论，徐渭论述的角度稍有不同。季本论警惕重其乃龙之德，且以动论惕，他说："故惕然其动，自然其良，非若失之于动者矣。欲知良知之学者，舍龙德其何以哉？"但是，徐渭则不同，他孜孜于涤除膺伪，恢复真自然。求真，是徐渭论学的一个重要特征，在这方面，他与李贽又有相通之处。李贽是从道理闻见遮蔽童心，李贽是要复童心，由此而求童心者之自文。徐渭揭示了"伪"自然的流行，期以警惕避之，这与季本有感于物欲流行之弊论警惕稍有不同。徐渭分析了诸种"伪"自然的世相，他指出，耳目手足有病者，时间久了，将坏其聪明运动之神而渐不可救，"其患之成而积之久也，则遂忘其聪明运动之用而若素所本无。于是向也以视为目之自然，而今也以不视为目之自然，向也以听为耳之自然，而今也以不听为耳之自然，向也以持行为手足之自然，而今也以不持不行为手足之自然"。这尚属于较易于辨其伪者，如少年习染有误，遂自以为正确，这还是无意而伪而认伪为真者，更有矫饰而伪者。不难看出，徐渭与季本论警惕的目的稍有不同：季本之论警惕是要纠矫物欲纵横之流弊，而徐渭论警惕则是为了警惕伪自然。从这个意义上说，徐渭之论警惕，目的在于得自然，因此，徐渭在某种程度上又回到了王畿的学术路径上来。事实上，徐渭正是错综于两师之间，去取唯我，体现了徐渭强烈的主体意识。同时，这也体现了徐渭论学尚"中"的取向。

值得一提的是，徐渭在论警惕的问题上与季本稍有不同，这与徐渭和季本的学术背景、身份不同具有一定的关系。季本亲炙于阳明，当宁王朱宸濠起兵时，季本随阳明一起平定，守分水关，遏其入闽之路。因此，季本自觉地具有弘传阳明学而使其不坠的担当意识。当同门弟子以流行为本体，玩弄光影渐成风气之时，季本倡以警惕论正是这种担当意识的体现。而徐渭则不同，徐渭论学往往结合文艺领域的现状而发，这就是为何他没有沿着季本"惕"乃"龙"之德这一逻辑方向展开论证，而唯独辨析自然之真伪。我们将徐渭论"本色""相色"联系起来，就可以看出徐渭着意于警惕伪自然的含义所在。徐渭文学观的核心是"真我"说，他提出文学当写"己之所自得"，而不可因"干诗之名""设情"而作，乃至"袭诗之格""剿其华词"。他在《赠成翁序》中曾痛切地说："予惟天下之事，其在今日，鲜有不伪者也，而文为甚。"可见，徐渭论文的核心是要写真文而摒弃伪文。需要指出的是，徐渭关于为文之真伪论，也隐约可见秉承阳明的端倪。他又说："举人之一身，其以伪而供五官百骸之奉者，鲜不重者也，而文为轻。何者？视必组绣，五色伪矣，听必淫哇，五声伪矣，食必脆脓，五味伪矣，推而至于凡身之所取以奉者，靡不然。否则，且怫然逆，故曰重。至于文，则一以为筌蹄，一以为羔雉，故曰轻。然而文也者，将之以授于人也。从左佚而得之，亦必取赵孟而名之。故曰，今天下事鲜不伪者，而文为甚。夫真者，伪之反也。故五味必淡，食斯真矣，五声必希，听斯真矣，五色不华，视斯真矣。凡人能真此三者，推而至于他，将未有不真者。故真也则不摇，不摇则神凝，神凝则寿。"

筌蹄之喻，世所周知，毋庸赘言。喻文为羔雉，当以阳明《重刊文章轨范序》所论最详，他以羔雉比喻举业时文，云："故举业者，士君子求见于君之羔雉耳。羔雉之弗饰，是谓无礼；无礼，无所庸于交际矣。故夫求工于举业而不事于古，作弗可工也。"阳明认为举业之文仅是求得宠禄的羔雉、筌蹄而已。徐渭所谓的文之伪，一是沿着阳明的路径，认为举业时文仅是博取功名的手段，而不副于实。对此，徐渭感悟极深：屡次为幕客，代拟之作甚多，而于科场则八不一售。二是"伪"如同色之组绣，闻之淫哇，味之脆脓，徒有形式，这是就文坛鲜有自得的现状而发。在徐渭看来，真文即是去除藻饰、本色自然的作品。徐渭由论学而及于论文，求真而黜伪，与李贽等人正相应和。当然，李贽在"童心说"中反对伪文，终极目的是论证"六经"、《论语》《孟子》"非其史官过为褒崇之词，则其臣子极为赞美之语。又不然，则其迂阔门徒，懵懂弟子，记忆师说，有头无尾，得后遗前，随其所见，笔之于书"。最终指向了专制政体赖以生存的儒家经典；而徐渭所深辟之伪，乃是障碍真自然的习俗，不但没有指向经典，而是为了秉持儒学的正脉。因此，虽然形式上都是去伪之论，但徐、李二人的目的及力度都有所不同。尽管如此，这两位豪杰之士对于伪作的痛绝使他们在拟古之风盛行之时，独标异帜，形成了一道独特的风景。忧道与忧文，在他们那里交织在一起了。但是，徐渭与李贽稍有不同：徐渭比李贽更加痛苦，徐渭因科场蹭蹬，不得已只能任职幕下，以代拟诗文为业，笔不能言心，恶伪而又不得不作伪，徐渭灵魂所受的煎熬何其惨烈？从而也为徐渭的病狂埋下了祸根。

徐渭在学术上综汇师说，目的在于求自得，即使是对十分钦敬的季本也同样如此。从这个意义上说，他很好地秉承了季本"悉破故出新，卒归于自得"的学术精神。徐渭对于季本着意于考稽论证的风格亦有些许异议，从中也可以看出徐渭正是秉持了阳明学的传统，而为其大写意的艺术风格打下了良好的学术基础。徐渭对于季本的《诗说解颐》推崇备至，在《诗说序》中云："其志正，其见远，其意悉本于经而不泥于旧闻，是以其为说也卓而专，其成书也勇而敢，虽古诗人与吾相去数千载之上，诸家所注无虑数十百计，未可以必知其彼之尽非，而吾之尽是，至论取吾心之通以适于用，深有得于孔氏之遗者，先生一人而已。"但是，在《奉师季先生书》中对季本解诗之作又有献言，含蓄地指出了季本的不足，说："先儒若文公者，著释速成，兼欲尽窥诸子百氏之奥，是以冰解理顺之妙固多，而生吞活剥之弊亦有，此正后儒之所宜深戒者，不宜驳先儒而复蹈其弊，乃复为后人弄文墨之地也。解书惟有虚者活者可以吾心体度而发明之，至于有事迹而事迹已亡，有典故而典故无考，则彼之注既为臆说，我之训亦岂身经，彼此诋讥，后先翻异，辟如疑狱，徒费榜掠考训之繁，终无指证归结之日，不若一切赦放，尚有农桑劝课之典，休养生息之政，可以与民更始者也。"不难看出，徐渭诠解经典，其意在于不要胶执于事迹、典故的训释考稽，以致彼此诋讥，后先翻异。而应以虚活之法，以吾心体度而发明奥义。对于旁引曲证，夸多斗靡，摘一字一句以售己说，略人全文的诠释之风，徐渭更以为可笑之甚。显然，徐渭给老师呈献的是一种一切放下，不拘于末节细枝，而以吾心体度的诠释方法。徐渭的这一方法，就其思想本源而言，正是本于阳明的为学路径。虽然季本的解经也有"信心好异"的倾向，但与阳明学派多谈心论性不同，他还是一位"悯学者之空疏"的学者。徐渭以大写意论经典，亦以大写意之法臻达于艺术之巅，这与其有得于季本而又不胶执于季本，师法而又不失自我的为学取向不无关系。

二、为学求中

表面看来，徐渭疏狂自放，卓然有异于时，就人格取向而言，当属于狂狷一类，而与中行无涉。但是，当我们考察徐渭的文艺思想与实践之时，即可以看出，徐渭论学之本尚在于求中以开新。徐渭虽罕有哲学专论，但《论中》七篇，系统地表达了徐渭的价值观念，是徐渭思想方法论的集中体现，并对其文学、艺术事业产生了重要的影响，也是我们全面了解徐渭的重要津梁。

徐渭论中，明确表示了其秉持传统儒学的方法论原则。徐渭所论之"中"主要是儒家尤其是孔子"过犹不及""无过不及"的中庸观，具有"度"的含义，摒弃了释道二教的论中方法。对释氏"空""有"相统一的中道观念，徐渭以譬喻的方法将释氏观念明确弃之于外，他说："衣童以老，为过中，衣长人以侏儒，是为不及于中。"但释氏则"不衣矣，不衣不布矣，不布而量何施"，"故曰不为中"。道教追求清虚之境，而徐渭则以鱼水的关系为喻，鱼在水中饮水，水清浊不同，鱼不能不饮水，饮水则清浊相混。而道教则孜求至清，因此，之中、为中对于道教来说，是"难而难者也"。在徐渭看来，"语中之至者，必圣人而始无遗，此则难也"。他所论的"中"，具有丰富而精微的含义。首先，"中"因时而生。"中"之难言，在于"中"不是简单的折而求中，"言半则几于堕落而执矣"。

原因在于"中"是动态的、变化的，"故曰中也者，贵时之也，难言也"。徐渭以贵时言中，虽然继承了传统儒学的思想方法，但其申论的目的则是为文学发展论张本。徐渭在七子派笼罩宇内之时，以"中"作为方法论之高标，足见这是徐渭文艺观重要的学理基础。他在《论中四》中说："夫词其始也，而贵于词者曰兴也，故词一也，古之字于词者如彼，而人兴，今之字于词者如此，而人亦兴，兴一也，而字二耳。兴一而字二者，古字艰，艰生解，解生易，易生不古矣！不古者俗矣。古句弥难，难生解，解生多，多又生多，多生不古，不古生不劲矣，是时使然也，非可不然而故然之也。兴不兴不系也，故夫诗也者，古《康衢》也，今渐而里之优唱也，古《坟》也，今渐而里唱者之所谓宾之白也，悉时也，非可不然而故然也。故夫准文与诗也者，则《坟》与宾，《康》与里，何可同日语也。至兴则文固不若宾，《康》不胜里也，非独小人然，大人固且然也。今操此者，不务此之兴，而急彼之不兴，此何异夺裘葛以取温凉，而取温凉于兽皮也，木叶也，曰为其为古也，惑亦甚矣。"

徐渭从论"中"出发，阐论了文学古今不同的规律，"非独小人然，大人固且然也"。文学不可胶执于古法，不可因袭模拟，这是历史发展的必然要求，也是儒家求"中"、致"中"理论在文学领域的延展。在徐渭看来，七子派拘守古法的文学观是有悖于儒学基本原则的，这也是他孜孜于求中的基本立意。

"中"又是一与多、有形到无形、有骸到无骸的统一。徐渭如此论中的意味颇为幽微。这当与王门分宗衍派，论说多歧的学术情形有关。徐渭论学亦以良知为本，俨然以承挑阳明学脉者自居，但其师辈们为学或高妙、或笃实，方法、风格迥然有异，尤其是季本与王畿之自然、警惕论更体现了王门学者的差异性。如何得师说而自立？错综涵泳于纷争之中而去取有道，这是徐渭不可回避的学术选择。这也许就是徐渭屡屡言及言中乃"难而难者"，唯圣人始无遗的根本原因。作为一本万殊的方法论，徐渭还从政治、教育、文学等方面论述了不同的范式。

三、诠解《参同契》方法蠡测

徐渭的学术底蕴还体现在诸多诠释古代典籍的著作方面，据记载，他著有《庄子内篇注》《首楞严经解》《分释古注参同契》《素问注》等。其中《分释古注参同契》尤其值得注意。《周易参同契》被称为"万古丹经王"，对道教的炼丹理论影响极大。同时，还由于其将大易、黄老、炉火三家理法融合于一，构建了天地人三才合一的庞大复杂的思想体系，具有丰富的文化内涵。徐渭之兄徐淮嗜好丹鼎之术达五十年，这对徐渭也产生了一定的影响。同时，《周易参同契》及《五相类》的作者魏伯阳乃徐渭同乡先贤，徐渭尤重《参同契》亦在情理之中。与其兄徐淮不同，徐渭虽因应制而做一些青词之外，但对斋醮丹鼎之事并无多少兴趣，他在《论中七》中还对道教中养生之说对学术的侵害提出了批评："（道教）其卒流而为养生，聘之徒之为也。入不测之渊海，以学没而已者，非求以得珠也，至海之半不期而得珠焉，而后之学没者，遂迁其学于珠，此养生之说炽，而他端者始蜎兴而榛塞之由也。"他注解《周易参同契》也并不注重炉火金丹术，不重月相纳甲，而在于理清《参同契》之脉理，显示了与其师季本相似的学术路径。

《周易参同契》文辞雅驯，意旨隐微，但文句混乱。历代注家纷出，仍难以探清其奥义。元代陈致虚云："此书解者，百有余人，少能深造其奥。"据《明史·艺文志》记载，徐渭著有《分释古注参同契》三卷。但原书今已亡佚，因此，学术界对徐渭《参同契》的研究成果并未注意。其实《徐渭集》中有数篇关于《参同契》的著作，分别是《奉答冯宗师书》《答人问参同》《注参同契序》《书古本参同误识》等，从中仍可寻绎出徐渭注解《参同契》的大概内容与基本方法。

其一，注重逻辑意脉的"大写意"诠释方法。

徐渭题为《分释古注参同契》，是因所谓《古本参同契》而发。《周易参同契》的作者自葛洪《神仙传》称"（魏）伯阳作参同契五行相类凡三卷"，但后蜀彭晓在《周易参同契通真义序》中云："（魏伯阳）密示青州徐从事，徐乃隐名而注之，至后汉孝桓帝时公复传授与同郡淳于叔通，遂行于世。"因此，徐注文字为何？《参同契》与《五行相类》是同书还是前者含后者？淳于叔通所作何为？加之存世的《参同契》文辞有别，四言、五言、骚体均有，遂使后世注本歧义纷出，其中最为著名的除彭晓本外，尚有宋朱熹《周易参同契考异》、宋陈显微《周易参同契解》、宋俞琰《周易参同契发挥》、元陈致虚《周易参同契分章注》。诸本对于魏、徐、淳于所作的文字提出了各自的观点。其中朱熹在《周易参同契考异》中对《赞序》作注云："其文意乃是注之后序。彭晓序云魏君密示青州徐从事令笺注，徐隐名而注之，恐此是徐君语也。其注则不复存矣。"提出了注文可能湮没的部分。而俞琰在《周易参同契发挥》中云："经注相杂，则又不知孰为经，孰为注也？愚欲以四言五言散文各从其类，分而为三，庶经注不相混淆，以便后学参究。"但俞琰《周易参同契发挥》本并未依此体例，诚如其所言："然书既成不复改作，姑诵所闻于卷末，以俟后之明者。"而明代正德年间杜一诚认为四言为魏之经，五言为徐氏注。杨慎则在《古文参同契集解序》中云："近晤洪雅杨邛崃宪副云，南方有掘地得石函，中有古文《参同契》，魏伯阳所著，上中下三篇，《叙》一篇，徐景休《笺注》亦三篇，淳于叔通《补遗》、《三相类》上下二篇，《后序》一篇，合为十一篇，盖未经后人妄纂也。"杨氏还认为从吴中带来的"精思"而得的刻本乃自欺欺人之作，意即此刻本乃抄石函本而成。杨慎所说的从吴中带来的刻本即为杜一诚刻本。

对于喧嚣一时"偶然"发现的石函本古文《参同契》，徐渭撰《书古本参同误识》，对其进行了辨析："此本为姑苏云岩道人杜一诚（字通复），当正德丁丑八月所正而序之者也。分四言者为魏之经，五言者为徐之注，赋乱辞及歌为三相类，为淳于之补遗，并谓己精思所得也。而不知欲分四言、五言者各为类，乃俞琰之意也，一诚其殆善继俞志者乎？渭细玩之，如此分合，乃大乖文理。俞琰盖幸而徒兴是念耳，使果为之，其罪不在杜之下矣。成都杨慎为之别序此书，乃云：'近晤洪雅邛崃宪副，云南方有掘地得石函古文《参同》者，正如杜所编者。借录未几，乃有吴人刻本，而自序妄云精思所得。'夫慎之序既如此，而一诚有别序，则又云：'窃弄神器，以招天谴。'其从父号五存者跋其书，又云：'书未出而为人窃去冒托。'观此，则慎之所闻于杨宪副者，乃他人窃得于一诚而托以石函者也。慎不玩其理，乃轻信訾一诚，反以一诚为窃盗。夫一诚之可訾，乃特在妄编耳，岂窃盗于石函者哉？乃若谓一诚之盗窃，直谓其盗窃琰之意而以为出己意则可也。一诚失于信人，慎失于信古，务博而不理，述书多至八十种，诚如此类，岂可尽信哉？"

徐渭对于所谓石函本及杜一诚的妄编本都进行了贬斥，尤其指出杨慎轻信石函本，实在是"务博而不理"之举。杨慎在序中曾提到"有人自会稽来，贻以善本，古文一出，诸伪尽正一叶半简之间，其情已亦可谓掩耳盗铃，藏头露足矣，诚可笑也"。徐渭的批驳其实是对杨慎的反批评。值得注意的是，徐渭注《参同契》与俞琰、杜一诚、杨慎等人的注解方法有明显不同。徐渭对于俞、杜、杨以四言、五言臆断经注的方法十分反感，在《注参同契序》中说："诸家言经者，欲拔景休而不得，甚至欲分四言为经，五言为注，是止凭字数以别唱随，遂起吴伧妄裂亚掇，如万手缫丝，不胜其乱。"他在《奉答冯宗师书》中云："俞氏本拟四言为经，五言为注，久之不得，见'内甲'章与此音韵相叶，又'阳气索藏'与'仲冬摧伤'影响仿佛，故便指鹿为马，杜氏之滔天，俞氏之滥觞也。"他在《答人问参同》中特别指出了其注解方法与杜一诚的不同："某（徐渭）之与诸注家同异，大略如是，而于杜氏尤水火之甚，盖他注虽谬，尚未坏经也，杜氏虽不著经，然以四字为魏经，五字为徐注，惟有甚坏经耳，其他一无所藉也。"

但是，徐渭与杜一诚等注家也并非完全不同，他们都竭力主张区别经注。徐渭题名"分释古注"《参同契》，乃是与所谓的石函"古文"相颉颃。而"古注"之谓，亦以区别经注为职志。他在《注参同契序》中云："景休之注之湮，而魏公之经亦泯，拔景休所以起魏公也。"可见，徐渭虽然否定了俞琰、杜一诚、杨慎等人分别经注的方法，但是，对于分辨经注意义的认识是一致的。徐渭注以陈致虚《周易参同契分章注》为底本，采取的是贯穿文意，"援笔于即悟之后"而不是通常的"牵文于未悟之先"的方法，亦即其所谓"辟如陆逊束炬先攻一营，遂晓破蜀之法，连营七百里，一旦席卷"。他认为，此前注家之所以认为徐景休注已亡佚，在于"不谅古人著述之体故也"。徐渭认为古人注经不一定章贴句训，也就是说经义不明的才注，已明的未必注，并且"或以一字而概印一篇，概印数句，或以数句而解一字，解一句"。因此，徐渭的注当是先体悟《参同契》的逻辑结构，亦即以内容意脉的连贯而不是俞琰等人以句式音律等形式为标准。如，俞琰将"象彼仲冬节"十四句由原本"大易性情"之后移至"仲尼赞鸿濛"之后，对此，俞琰的解释是："象彼仲冬节"至"以晓后生盲"旧本错于后序，陈抱一移置"子当右转"之前，皆非是。按此章凡押两"伤"字，并上文"易象索灭藏"连之则又押两"藏"字，盖古人多用重韵，后人不晓，往往妄乱改，遂使文章不连属。如上文"关雎建始初"与"复卦建始初"；又如，"刚柔相当"与"九六亦相当"，皆重韵也，岂可遽以重韵而害其正文哉？

徐渭对俞琰的解法深为不满，着重从逻辑关系而非俞琰所擅之声韵方面对其进行了驳议，徐渭以"象彼仲冬节"章中"别序斯四象"句与前文月相纳甲的逻辑矛盾，指出俞琰移改得不合理，接着他又以"大易性情"章中"不失其素"与"象彼仲冬节"中所言的守黑静默之道之间的呼应，指出"象彼仲冬节"章应接"大易性情"章之后。并指出"仲尼赞鸿濛"乃敷陈卦象月魄，"何暇及丁宁后生，以梗断其文脉如此乎？"论之有据，言之成理。重意脉而非形式，深受阳明学的影响，而了无程朱支离之病，这是徐渭注《参同契》的特征。

其二，徐渭还对《参同契》中的诸多学术问题进行了辨析。

首先，关于《圆三五》章、《法象》章的性质及作者。徐渭在《答人问参同》中云："至若某以《圆三五》章而意则相承，总是一章，又以《法象》章之乱辞为是注《圆三五》章者，盖亦有说，缘魏公书三篇，其下篇六章，一向散说炉火，而却以《圆三五》一篇结之，故亦自不得外鼎器炉火，而别设一种物象以形容也。于是徐注以乱辞印之。"就是说徐渭认为《法象》章（亦即《大丹赋》）的乱辞是徐景休注解《圆三五》（亦即《鼎器歌》）的注文。这显然与历代注家以及杨慎、蒋一彪的《参同契》迥然有异。他在《奉答冯宗师书》中还根据内容分析了"《圆三五》是结经，《法象》章是结注。由此观之，《圆》即经之乱词，不特《法》为注之乱词也"。对此，徐渭在《答人问参同》中又作进一步的解释：魏公下篇之说炉火，一向以五行配合，但亦病于散见耳，故至《五相类》则用图而合于一处，于是徐注之乱辞印之，自"青龙处房六"至"三五并危一，都集归一所"，并是五行合于一处也。至于其中所云"日数取甫"，则即《圆三五》章中之节候，"先白后黄"则即《圆三五》章中之火白芽黄，至于"反复研悟"等语，亦即《圆三五》章中"寻审谛思"等语也。其章章如是，细以篇目相俟，则徐注之《法象》章，非徐注一书之乱辞而何哉？

徐渭的独特之处在于，他以《圆三五》为章名，并说"盖缘魏公以《参同》一书，其在上中下三篇，散布甚矣，故作《圆三五》章以结之"。而彭晓《真义》并不以其为章，朱熹《考异》作《鼎器歌》，陈致虚《分章注》作《鼎器妙用章》，蒋一彪《集解》则未列《圆三五》的内容。可见，徐渭以《圆三五》为章名与诸家有所不同。

其次，关于《五相类》还是《三相类》。这是困扰《参同契》注家由来已久的较为复杂的问题。作者为何？内容为何？名称为何？孰是孰非，四库馆臣也莫衷一是，仅"三五字形相近，未详孰是"了之。萧汉明、郭东升《周易参同契研究》一书中也注意到了这个问题，并对其进行了详细的讨论，疏理甚为清楚。然该书中说："事实上，从葛洪至两宋，如阴本、彭本、容字号无名氏本、朱熹本、储本、陈显微本等，《五相类》

一名一直沿用未变。"所论似略有讹误。其余诸本都该确无误，唯彭晓《周易参同契通真义》仍为《三相类》，其《补塞遗脱章第八十四》："《参同契》者，敷陈梗概，不能纯一，泛滥而说，纤微未备，缺略仿佛，今更撰录，补塞遗脱，润色幽深，钩连相逮，旨意等齐，所趋不悖，故复作此，命三相类。则太易之情性明之尽矣。"

彭晓且作注云："魏公先述《参同契》三篇，铺舒寥廓，未备纤微，且复撰《三相类》一篇，补塞遗脱，则乾坤五行终始之情性尽矣，还丹首尾法象之大旨备矣。"显然仍用《三相类》之名。因此，并非如郭书所说："他（俞琰）根据对《参同契》旨趣与篇名义蕴之理解，迳直将《五相类》改为《三相类》。"事实上，诸注家中作"三相类"似乎更为多见，彭晓、俞琰、陈致虚、蒋一彪均作《三相类》，杨慎亦称《三相类》，其《古文参同契序》云："古文参同契，魏伯阳所著，上中下三篇叙一篇，徐景休笺注亦三篇，《后叙》一篇，淳于叔通《补遗》《三相类》上下二篇，《后序》一篇，合为十一篇。"徐渭是明代鲜有的作《五相类》的注家，在《奉答冯宗师书》中云："若以《五相类》为《三相类》，以'象彼仲冬节'为当升于'内甲'之后，此则诸家之大谬，决不可从者也。"所谓"以《五相类》为《三相类》"，俞琰有这样的论述："自彭真一以三火、二土、五金、四水、一画为五位相得，而各有合之图，故后人皆祖彭氏此说，竟以为魏公本文而并作五行之相类说了，沿袭至今，无有辩之者，皆不思魏公所言相类者果为何事。"

其实彭晓虽然言及阴阳五行，但是，他是以《三相类》而非《五相类》为前提的。徐渭对俞琰的断章取义一目了然，但俞琰所论是以彭晓"五相类图"为缘起的，因此，徐渭依然就"五相类图"为据，针锋相对，在《奉答冯宗师书》中指出了"谓五为三"的讹误：至于"《参同契》者，敷陈梗概"，至"尽矣"一段，乃是作《五相类》之引；"五相类图"比于乱词，则为尤约矣。盖经注中历历指五行为同类，乃一书要诀，观图真可默会，不烦片语，其他皆枝叶花果，惟此图为正在根株也。若以"御政"等三事当之，谓五为三，则"御政"等直篇目耳，非要语也，何烦魏公特云"故复作此"哉？即欲明三事为一，则直曰三物出一门足矣，今曰"作此"，将执何为作耶？三物亦何庸作耶？如此则"惟昔"一章当置于何地，不待智者而得之矣。

徐渭的解释抓住了问题的要害，主要依据即是此段文字之中所夹的"五相图"，而此图确以五行为核心。在徐渭看来，图之前的文字为《五相类》之引文，而"五相类图"则相当于作结的乱词。因此，徐渭以五为三，其意是说，五行乃真一之气所化，根本为同类。

徐渭为《五相类》力辨的意义在于：虽然《五相类》由来已久，据胡渭《易图明辨》卷三《周易参同契》云："《旧唐书·经籍志·丙部·五行类》《周易参同契》二卷，魏伯阳撰；《周易五相类》一卷，魏伯阳撰。《唐书·艺文志·五行类》魏伯阳《周易参同契》二卷，又《五相类》一卷。"《通志》卷六十七："《参同契五相类》一卷，汉魏伯阳撰。《金碧五相类参同契》一卷，阴真君撰。"但是，最为著名的注解《参同契》的六部著作，除朱熹《周易参同契考异》与陈显微《周易参同契解》之外，均遵《三相类》之说，尤其是蒋一彪以杨慎白文本为据，也以《三相类》为是，影响甚大。其后清代的李光地《参同契章句》、袁仁林《古文周易参同契注》等仍沿《三相类》陈说。徐渭执守《五相类》，这是宋代以来所鲜见的。而近来孟乃昌、陈国符等学者考证了《道藏》中所收《周易参同契阴长生注》以及容字号无名氏注本为唐本，且根据阴注本序本对《周易参同契》的作者提出了全新的观点，颇具说服力。阴注本也记为《五相类》，而非彭晓等注本所言及的《三相类》。徐渭撰著该书时正受囹圄之困，虽受阅读条件限制，某些观点今天看来未必允当（如对于俞琰、杨慎等以四、五言分经注的方法的批评等），但他据此以守《五相类》之说，对今天我们研究《参同契》《五相类》仍有一定的参考价值。而他注重意脉的诠注方法，既是他学术思想的体现，也影响到了其文艺思想与实践。徐渭错综于季木与王畿之间的学术取向，在其注解《参同契》中同样得到了体现。

第 3 章

抒写真我的文学思想

　　明代复古思潮笼罩文坛，而尤以前后七子为甚。然而，当"王、李之学盛行，黄茅白苇弥望皆是"之时，"文长（徐渭）、义仍（汤显祖）崭然有异"。而徐渭又长二十九岁，文学活动在汤显祖之前，因此，他在拟古之风称盛之时，能够独标异帜于一时，这也就是为何袁宏道称道徐渭所撰《四声猿》"意气豪达，与近时书生所演传奇绝异"的原因。袁宏道对徐渭的成就的惊异、推重，也可见徐渭是与晚明文学新思潮声气相通的。虽然徐渭因为科场蹭蹬，未能像王世贞等人具有笼盖海内的声势，但其卓荦的成就，崭然有异于当时的文论与其奇绝的文字一样，成为明代文苑一道亮丽的风景，并为晚明文学思潮兴起起到了导夫先路的作用。

一、真我与文学本体论

　　徐渭的学术思想深受阳明学的影响，虽然阳明学是晚明文学思潮共同的思想基础，但其实徐渭及其晚明文人之间尚有诸多殊异。严格来说，李贽之"童心说"、袁宏道之"性灵说"都主要是受王学现成派的影响而强调了由心学衍生出来的一己之性、一己之情，乃至于得出"率吾性即道也，任吾情即性也"的结论。其实阳明心学的主体价值观念则是沿着张横渠（载）、程明道（颢）等人"民胞物与"万物一体之仁的思想路径，强调的是成德、成圣的过程。阳明学所说之"一"，并不是要归于一己，而是要将仁心诚体，如春风之化，时雨之润，遍润一切而无有穷极，通一切而靡有所遗。这个天心仁体就是真我，此之真我不是私己、小己，而是罗汝芳等人所说的"大人"所该具备的与万物同一的仁心。文学所当表现与描写的也是此之天心仁体，这也就是阳明学派孜求的以斯文载斯道。因此，表面看起来晚明文人都溯源于阳明学的文论，其实衍生出的是形似而实异的两种不同的路向，而只有秉持了"大我""大人"所具备的万物一体之仁心的，才是阳明学所孜求的真正的成圣成德之士，才是真正的载道之文。徐渭与李贽、袁宏道等人在为学取向方面稍有不同，在文学思想方面同样形同而实异。这是我们在理解徐渭文学真我说之前需要略作说明的。徐渭的这一思想取向，在其三十二岁落榜乡试、怅然涉江东归时而作的《涉江赋》中得到了充分体现，他说：

> 天地视人，如人视蚁，蚁视微尘，如蚁与人，尘与邻虚，亦人蚁形。小以及小，互为等伦，则所称蚁，又为甚大，小大如斯，胡有定界？物体纷立，伯仲无怪，目观空华，起灭天外。爰有一物，无罣无

碍，在小匪细，在大匪泥，来不知始，往不知驰，得之者成，失之者败，得亦无携，失亦不脱，在方寸间，周天地所。勿谓觉灵，是为真我，觉有变迁，其体安处？体无不含，觉亦从出，觉固不离，觉亦不即。立万物基，收古今域，失亦易失，得亦易得。控则马止，纵则马逸，控纵二义，助忘之对。

这是徐渭在失意之时的自我排遣，他以赋体状写了真我之境的特点。徐渭所描写的"真我"是立万物之基，收古今之域，至大无外的存在，显然，此乃"大我"，而与李贽所论的"童心"之"自"，袁宏道所论的"性灵"之"独"都有所不同，徐渭之"真我"乃是周天地之所，大化同一，物我无间的主体。正因为如此，徐渭之为文，固然有抒写一己之情性的自得之言，更有纵论国是、讨论军事、政治方面的著述，这与以"独抒性灵"相标榜的袁宏道稍有不同。

如果说徐渭之文学真我说尚具有明显的德性主体的意味，而与传统的理学文艺观并无太大的区别，那么，他的着意点其实在于"真"的方面来说，则对于中晚明文坛具有强烈的现实指向性，这集中体现于他的文学真情论。他在《肖甫诗序》中说："古人之诗本乎情，非设以为之者也，是以有诗而无诗人。迫于后世，则有诗人矣，乞诗之目多至不可胜应，而诗之格亦多至不可胜品，然其于诗，类皆本无是情，而设情以为之。夫设情以为之者，其趋在于干诗之名，干诗之名，其势必至于袭诗之格而剿其华词，审如是，则诗之实亡矣，是之谓有诗人而无诗。有穷理者起而捄之，以为词有限而理无穷，格之华词有限而理之生议无穷也，于是其所为诗悉出乎理而主乎议。而性畅者其词亮，性郁者其词沈，理深而议高者人难知，理通而议平者人易知。夫是两诗家者均之为俳，然谓彼之有限而此之无穷，则无穷者信乎在此而不在彼也。"

在徐渭看来，"真"是文学情感论的核心，诗人不可"设情以为之"。徐渭认为诗歌当是真性情的自然流露，而不是因诗人"干诗之名"的工具。徐渭认为，"袭诗之格""剿其华词"的作品都是设情之作，都是有悖诗本性情的诗学传统的。这无疑是对当时以袭古为是的七子派的正面批评。值得注意的是，徐渭这里其实也对理学家的诗学观念进行了评析。他一方面正面肯定了穷理者对于模拟之风盛行的诗坛"起而捄之"的功绩；另一方面，徐渭对于理学文艺观亦有不同认识，理学家们认为"词有限而理无穷，格之华词有限而理之生议无穷"。在理学家看来，道为主而文为辅，文有限而道无穷。对此，程伊川与问者有这样的对话：问："作文害道否？"曰："害也。凡为文不专意则不工。若专意，则志局于此，又安能与天地同其大也。"又问："古者学为文否？"曰："人见六经，便以为圣人亦作文，不知圣人亦抒发胸中所蕴，自成文耳。所谓有德者亦必有言也。"

不难看出，在理学家程伊川（颐）看来，文有两难。一方面，若不专意则不工；另一方面，若专意，则又局限于此而不能与天地大道相和谐。正因为如此，王阳明经历了由溺于辞章渐而转变为以求大道作为人生的旨归，这也就是徐渭在文中所说的"词有限而理无穷"。显然，徐渭并不同意理学家对文学的看法，他所作出的反问"然谓彼之有限而此之无穷，则无穷者信乎在此而不在彼也"正是针对理学家的文学观而发。同时，还应看到徐渭仍有承绪理学家的一面。他所谓"设情以为之"，正是程伊川所谓"作文"。顺便需要指出的是，学界长期以来对程伊川的文学观有一些误解，伊川所谓"作文"，是与"抒发胸中所蕴"之"自成文"相对立的，因此，伊川所谓"害道"之"作文"实乃刻意所求之文，因其不能贯道于其中，故而谓之"害道"，这与徐渭所谓"设情"之作十分相似。从徐渭反对"设情"之作来看，他的文学观一方面深受理学的影响，对于性理之诗亦有较高评价，如他对于同门肖甫之诗"始入理而主议，然其性也郁，而其所造之理，与所主之议，深而高，故其为诗也沈，而为人所难知"的特色"独私好之"。另一方面，具有强烈的现实指向性，对于当时的文坛模拟之习深致不满。就其后者而言，与其后的公安派正相契合。

二、真我的表现方式

对于孜求真文，徐渭屡屡对于当时盛行的不必增损古人，"以求当于古之作者"的风气痛下针砭，他在《叶子肃诗序》中说："人有学为鸟言者，其音则鸟也，而性则人也。鸟有学为人言者，其音人也，而性则鸟也。此可以定人与鸟之衡哉？今之为诗者，何以异于是。不出于己之所自得，而徒窃于人之所尝言，曰某篇是某体，某篇则否，某句似某人，某句则否。此虽极工逼肖，而已不免于鸟之为人言矣。"

徐渭以如此峻厉的文辞痛击模袭古人而丢失自我的诗风，堪称讨伐七子之檄文。事实上，徐渭并不是绝对地排斥学习古人，只是与七子派一味模袭，以求极工逼肖不同，而是对于古代的经典之作"用其髓，弃其皮"，做到"师心横从，不傍门户，故了无痕凿可指"，"无不可模""而亦无一模也"。也就是说，要学习古人的真精神，以抒写真我为归趣。

复古派的模袭古人往往胶执于某一种格法，强人同己，如李攀龙编选《古今诗删》目的就是"存而成一家言，以模楷后之操觚者"。因此，提倡风格多样，就可以打破复古之藩篱。李贽在《读律肤说》中讨论了性情与风格之间的关系，认为：人皆"莫不有情，莫不有性，而可以一律求之哉？"遂而对清澈、舒徐等不同的性情与宣畅、疏缓等不同的风格进行了逐一类比分析。徐渭则通过地域差异与风格多样性之间的关系进行了论析，同样驳斥了七子派狭隘、僵化的格法论。他在《吕氏诗集序》中说："昔人论诗者，谓诗本于地，岂不谅哉其言乎？略而校之，如陕蜀之雄刚，中原之博大，江南之芳华，真有不可强而齐者。"徐渭还通过对地域由大及小的仔细梳理，分析了风格的同中之异，只有细加品味，才能体悟出各自不同的风格特征，辨析出各自不同的真我面目。徐渭所论，正是要纠校文坛雷同之弊。

要表现真我，在表现方法上，亦当以自然为本，以率真为上。这些率真之作是作家真性情的自然流露，这在徐渭批注李贺诗歌时得到了体现。李贺与徐渭一样，科场难进，其诗歌也充满着穷愁与悲愤。青铜仙人的清泪，衰兰送客的凄冷，汉宫月色的苍凉，都深深地震撼了诗人徐渭。李贺的悲怨之情穿过了悠远的时空，在侘傺穷愁的徐渭四声猿鸣中得到了应和。这也许就是以抒写真我为期的徐渭能够对苦吟诗人尤其关注的原因。在徐渭批注的《唐李长吉诗集》中，徐渭以"率"与"雕"作为其品评李贺诗歌的总标准，他往往在诗题之下首先给以"率"或"雕"，或"半"（"率""雕"各半），间或亦有"雕而其实率"（如评《唐儿歌》）、"雕而雕"（如评《绿章封事》）的总评。徐渭最赞叹的似乎是李贺自然抒写性情的率真之作，其中尤以李贺自由奔放、不拘一格的乐府和古体诗为多。徐渭批注最为详尽的不是李贺的传世名篇，而是游戏之作《恼公》。他总评该诗云："五十韵必是美人恼公者，犹乱我心曲也，今方言可爱者反曰可憎。"徐渭对于李贺的率真之作赞叹尤多，如他评李贺的《示弟》诗为"率"，云："平易似不出贺手，冲淡拙率尤是贺之佳处。"评《致酒行》云："绝无雕刻，真率之至者也，贺之不可及乃在此等。"不难看出，徐渭对于李贺有独特的理解，李贺的"不可及"之处，并非通常人们所理解的"字字皆雕镂"，而是率真之作。在徐渭看来，李贺的奇险之作并不违背率真的原则。事实上，徐渭在自己的诗歌中奇崛之作在在可见。对徐渭诗歌的这一审美取向，前人已有共识，如袁宏道在《冯侍郎座主》中谓其诗歌"有长吉之奇而畅其语"。黄汝亨在《徐文长集序》中谓其"诗如长吉，文崛发无媚骨"。被袁宏道称为"无之而不奇"的徐渭，之所以欣赏并创作出奇崛的作品，也是因为"人奇于诗"，正是诗人的奇情逸性，而成就了徐渭作品迥异于时的审美风格。

徐渭的诗文理论唯求真我，追求风格的多样性还表现在对苏轼的推尊方面。七子派标榜大历之后诗勿读，宋代之苏轼自然成为七子派所不屑师习、不屑旁顾的诗人。与此相反，晚明文人则以尊坡为自得。袁宗道之书斋屡迁而"白苏斋"之名不变。李贽"求复为东坡身"，以不可得为憾，在《与袁石浦》中云："《坡仙集》我有批削旁注在内，每开看便自欢喜，是我一件快心却疾之书。"陶望龄《与袁六休三首》其二中对东坡十分推敬，云："初读苏诗以为少陵之后一人而已，再读更谓过之。"袁宏道"每以长苏自命"。又云："近日裁诗心转细，每将长句学东坡。"他们并不囿于对东坡文学成就的评骘，而是对其学术、诗文、才秉、情志、行谊、操守诸方面的全面认同，这种评价之中杂糅着晚明文人一种舒张痛快的主观情绪。东坡的隆盛声名成了他们与七子派轩轾相埒的旗帜。时人虞淳熙在《徐文长集序》中论万历文坛时说："当是时文苑，东坡临御。东坡者，天西奎宿也，自天堕地，分身者四：一为元美，身得其斗背；一为若士，身得其灿眉；一为文长，身得其韵之风流，命之磨蝎；袁郎晚降，得其滑稽之口，而已借光壁府，散炜布宝。"徐渭不但得苏轼之风流情韵，多舛的命运，还体现在其恣肆不失严整之文。徐渭推尊苏轼为"千古一人而已"，实开晚明推重苏轼之先河。徐渭之尊坡，集中地体现在他作《评朱子论东坡文》，徐渭说，夫子不语怪，亦不尝指之无怪。《史记》所称秦穆赵简事，未可为无。文公件件要中鹄，把定执板，只是要人说他是个圣人，并无一些破绽，所以做别人着人人不中他意，世间事事不称他心，无过中必求有过，谷

064

里拣米，米里拣虫，只是张汤赵禹伎俩。此不解东坡深。吹毛求疵，苛刻之吏，无过中求过，暗昧之吏。极有布置而了无布置痕迹者，东坡千古一人而已。朱老议论乃是盲者摸索，拗者品评，酷者苛断。

朱熹论学承绪于程伊川，程伊川与东坡志趣殊异，性情不同，时相诋諆。朱熹则承绪了程伊川对苏东坡的批难，认为"道者文之根本，文者道之枝叶。惟其根本乎道，所以发之于文皆道也"。在朱熹看来，东坡所说的"吾所谓文，必与道俱"并不符合实情，因为东坡是先作文而后"讨个道来放在里面"，而非"先理会得道理了方作文"。可见朱熹对东坡的抨击也时常涉及文道关系的老话题。在这方面，徐渭显然站在东坡立场之上。徐渭痛斥了朱熹对东坡的批评，言辞峻厉异常。

只有破斥复古派厚古薄今的枷锁，才能自然抒写现实之真我。师习古人其实是抒写自我的前提。诗歌等文学样式在产生与发展过程中形成了特定的审美规范，诗人表达一己之性情，都不可能不师习古人，区别仅在于以师心还是师古为旨归，是以复古为是还是借习古以求自得。而取径之宽窄或是否预设取径，是革新与拟古争议的焦点。七子派论诗极端胶执格调，取径十分狭窄。革新派对于古人之作取径十分宽广，而尤其对七子派所不屑的中唐以后的诗人推崇尤甚。在师习对象方面，徐渭对七子派唯盛唐是宗的褊狭之见深感不满，他对于韩愈、孟郊、卢仝、李贺等有较高评价，在《与季友》中称其为"李杜之外，复有如此奇种"。遂痛批七子云："不知近日学王孟人，何故伎俩如此狭小？在他面前说李杜不得，何况此四家耶？殊可怪叹。菽粟虽常嗜，不信有却龙肝凤髓，都不理耶？"徐渭推尚中晚唐四家以及宋代的苏东坡等人，冲击了复古派的取法禁锢，这也是他提出的文章当"随其所宜而适"的文学通变观的体现。因此，徐渭充分肯定了当下闾阎百姓之声的文学价值，在《奉师季先生书》中说："《乐府》盖取民俗之谣，正与古《国风》一类。今之南北东西虽殊方，而妇女儿童、耕夫舟子、塞曲征吟、市歌巷引、若所谓竹枝词，无不皆然。此真天机自动，触物发声，以启其下段欲写之情，默会亦自有妙处，决不可以意义说者。"

徐渭论文以"天机自动"为尚，无论雅俗，无论古今，显示了宏阔的视野。这一切也与徐渭"人奇于诗"的性情、诸艺兼擅的才秉、广综博取的学术取径都具有一定的关系。

第4章

状写时代、人生与艺术的诗歌

一、"无物不可咏" 的内容

徐渭诸艺冠绝一时，对于其成就，梅客生说："文长吾老友，病奇于人，人奇于诗，诗奇于字，字奇于文，文奇于画。"而徐渭自评则是书法第一，诗第二，文第三，画第四。可见，徐渭之诗是其诸种文艺样式中最为卓绝的之一，袁宏道在《徐文长传》中对其诗歌的评价更加形象生动，也最为后人称道："文长既已不得志于有司，遂乃放浪曲蘖，恣情山水。走齐、鲁、燕、赵之地，穷览朔漠。其所见山奔海立，沙起云行，风鸣树偃，幽谷大都，人物鱼鸟，一切可惊可愕之状，一一皆达之于诗。其胸中又有一段不可磨灭之气，英雄失路、托足无门之悲，故其为诗，如嗔如笑，如水鸣峡，如种出土，如寡妇之夜哭，羁人之寒起。当其放意，平畴千里；偶尔幽峭，鬼语秋坟。"

宏道所论的徐渭诗歌，主要是指诗人表现的自然物境、诗人情性的两方面。其实徐渭诗歌的内容十分丰富，他现存的一千四百七十余首诗歌中，艺术地再现了时代与人生，并冶诗画于一炉，在王李主盟文坛之时，徐渭庄谐杂出，尽翻窠臼，自出手眼的诗歌，受到了后世文人的赞叹。这是因为在徐渭看来，"诗至李杜昌黎子瞻而变始尽"，于是题材、风格再无须立限，乃至"无意不可发，无物不可咏"。

首先，状写现实的题材。徐渭曾入胡宗宪、吴兑之幕，且与李如松等有密切的交往，而这些人物都是明代后期守卫边庭海隅的良将重臣，徐渭与其寄赠之作的内容往往关乎明嘉靖年间的重大政治、军事题材。对于当时靖边御寇的战事，徐渭大多是亲历者。虽然徐渭的诗歌没有多少金戈铁马的直接描写，但是，充盈着浓郁的时代气息和戎马精神。尤其是北国之行，使徐渭的诗歌平添了几分奇情壮彩，增加了现实的内容。诚如其在《上谷歌》中所云："既去高天遏飞鸟，更供诗料到吟鞍。"

徐渭随胡宗宪的时间最长，抗倭相关的诗作是徐渭诗歌的重要内容。徐渭与抗倭将士赠答酬唱的作品甚多，这些诗歌颂了将士们慷慨报国业绩。如《正宾以日本刀见赠，歌以答之》诗中有云：

> ……飞甍雨下完孤城，张巡不死南八生。五千步马随朱缨，手指东海鸣金钲。解刀赠我何来者？断倭之首取腰下。首积其如刀有余，为寿兄前人一把。是日别君霰飞子，佩刀骑马三十里。夜眠酒家枕刀醉，

梦见白猿弄沟水，把鞘还惊未脱底。电母回身不敢
视，黑夜横分芒砀蛇，清秋碎割咸阳玺。

吕正宾乃抗倭将士，徐渭曾作《赠吕正宾长篇》，诗中歌
赞吕正宾当"倭奴夜进金山口"之时，"天生吕生眉采竖，别
却家门守城去。独携大胆出吴关，铁皮双裹青檀树"，慷慨赴
战。吕正宾战罢归来，"断倭之首取腰下"，豪气凛然。更让徐
渭感动的是，吕正宾深知徐渭有英雄失路的悲情，解刀相赠，
而徐渭对吕正宾亦有更大的除奸报国的期许，其诗接着又云：

人言宝刀投烈士，吕君何不持之向燕市？荆轲聂
政猝难致，五陵七贵家家是，报恩结义从此始。却以
投余据何理，雄心如君莫可拟，用以投予良有以，夜
夜酣歌感知己。

值得指出的是，刀剑是诗人徐渭作品中时常赞颂的灵物，是他
咏叹的主题之一。

除此，徐渭对胡宗宪、俞大猷、戚继光等抗倭将帅的寄赠
之作中，同样表现了强烈的赞佩之情，如《凯歌二首赠参将戚
公》其一云：

战罢亲看海日晞，大酋流血湿龙衣。

军中杀气横千丈，并作秋风一道归。

徐渭"穷览朔漠"虽然不及入胡幕的时间长，但这一时期
诗歌的内容十分丰富。当徐渭走马塞上时，往日干戈抢攘的边
庭，已被祥和安宁的景象所取代，随着互市通商，汉族与俺答
已和谐相处，徐渭也为之欢欣。作《上谷边词》诗云：

胡儿住牧龙门湾，胡妇烹羊劝客餐。

一醉胡家何不可？只愁日落过河难。

　　对于边境少数民族的生活，徐渭诗歌中也时常有所表现。尤其是为边境和平作出重要贡献的俺答甥女三娘子，徐渭既赞美其走马看箭的英姿："唤起木兰亲与较，看他用箭是谁长。"又对其过人才艺叹服称奇："帐底琵琶推第一，更谁红颊倚芦笙。"当然，徐渭对于边庭祥和景象的形成原因亦有深深的思考，对于和与战的关系，徐渭也有全面的体悟。对于安宁背后的隐患，也时常流注于诗行："养虎最宜防猝饿，调鹰莫更使多眠。"徐渭与靖边名将李如松相知相识，在诗歌中也得到了充分的展示。徐渭诗歌中体现出的强烈的入世情怀，是晚明革新派文人中所鲜见的，这便是徐渭与晚明文人的同中之异。

　　其次，抒写英雄失路，托足无门之悲。与其诗歌中的现实题材有关，积极有为是徐渭人生的基调。虽然科场挣扎而八不一售，但是，积极用世之心不泯。后期不得已而成为"山人"，但这一"山人"企求功名、企求用世之心更远过于一般的科场顺适者。徐渭的八不一售与袁宏道请辞吴县县令而连上七牍恰成鲜明的对比。因此，袁宏道认为徐渭诗歌中抒写的是"英雄失路，托足无门"的悲情人生。在边患不断的明代中叶，徐渭虽然没有率军破阵的经历，但对功名的渴望始终萦绕在心头。在胡宗宪幕中，他对临阵杀敌的将士怀着钦慕之情，在赠曹君的诗中说，"同时操笔总纷纷，先着绯袍独数君"。徐渭的这种人生情怀，还时常通过对靖边豪杰的讴歌中体现出来，他对戚继光"金印累累肘后垂"英武烈烈的形象十分崇敬，慨叹"丈夫意气本如此，自笑读书何所为"，欣羡之情溢于言表。有时，他通过对古代豪杰的景仰与赞叹以抒写襟怀，他《怀陈将军同甫》中赞美南宋的慷慨之士陈亮道：

> 飞将远提戎，翩翩气自雄。椎牛千嶂外，骑象百蛮中。铜柱华封尽，昆池汉凿空。雁飞真不到，何处寄秋风？

诗人通过对陈亮英武雄迈形象的赞美，寄予了自己的人生理想，但是，命运没有给徐渭这样的机会。他在诗歌中时常流露出壮志难酬的慨叹，或拂闷觚筹，"醉后忽呼长剑看，赤鳞乘涨欲飞腾"，但最终落得的只是醉眼看剑："秦仇不能报，泪浇酒杯红。"而每当看到友朋成就功业之时，赋诗相赠，便更易于发出无奈的慨叹，这在《赋得片月秋帆送冯叔系北行》诗中得到了体现：

> 秋帆一幅随高雁，长安片月相思见。茭菰十里送君行，掾柁未开泪欲倾。燕都我曾游几度，悲歌饮酒时无数。易水荆轲不用求，击筑一声寒云流。寒云流，秋色里，望诸一去三千年，高台黄金今亦地。美君持管复能书，谅君弹铗食有鱼，大道朱门天外起，长堤骏马柳中趋。柳中天外鸣孤鹤，长笛短箫断复作。此时为忆越山头，小肆高囱同夜酌。天目高峰六千丈，陪余一挂青藜杖。飞瀑能为匹练长，古藤复向回溪涨。回溪匹练有时休，二十功名正黑头，你今有术可干禄，我已无相堪封侯。秦山人，号冰玉，飞雪哦诗清簌簌。昨宵一为泛湖船，今日何当别远天。种得梅花三百树，望尔早归抱瓮鹤底眠。

更让诗人不堪的是，不但功名难遂，而且还有困于囹圄的窘迫。在这极度痛苦之中，他在寄答秘图山人时，以诗歌抒写了心中的抑郁："缄词慰蚕室，长吟感孙登。羁绁不可脱，荏苒年岁侵。"尽管如此，徐渭仍不失豪荡之气："但使时节至，一鼓广陵琴。"虽然经诸大绶、张元忭等人的相助，徐渭免除了性命之虞，但是，这一时期所作的诗歌中还是记录下了诗人"我与鼠争食，尽日长苦饥"的情形。徐渭的老年病苦，在诗作中也得到了再现，如因家贫无助只得变卖收藏度日，如他作《卖磬》诗描写不得已而"赠"他人心爱的石磬：

> 贫来一石不能留，解赠王郎愧取酬。庄舄恋乡声
> 自旧，金人辞汉泪长流。半肩荷蒉过门诮，一叶师襄
> 入海游。寄语《春秋》休责备，后来能有此人不？

诗人以仕楚而不忘故国、病中思乡而吟越声的庄舄，李贺《金铜仙人辞汉歌》等典故，不得不解"赠"他人的石磬，表达了自己对困苦生活的无奈和悲叹。诗人将心灵的苦痛隐藏于鲜明的形象之中，具有强烈的艺术震撼力。

徐渭可谓集人生最不堪于一生，但他并不向困苦屈服，诗中的徐渭没有绝望的呻吟，没有愤怒的詈骂，痛苦与不平都被诗人化为亦庄亦谐的诗句之中。个中原因固然很多，有朋友的真情相助，有幕主的垂爱与眷顾，更重要的是徐渭所挚爱的美妙的诗境、画境寄予了其丰富的审美理想，弱化了现实生活中的不幸与苦涩，强化了曙色的光亮。因此，诗中之徐渭较之于现实之徐渭已多了几分亮色。

最后，画意与诗情的交汇。中国传统的审美观念以含蓄蕴

藉见长，而尤以诗画为著。画中所示，往往以一种氤氲朦胧之美呈现于观众面前，画中之意往往须通过题画诗略作点示，诚如吴龙翰所云："画难画之景，以诗凑成；吟难吟之诗，以画补足。"因此，诗与画之间的互动可使两者相得益彰。然而，诗与画是两种不同的文艺样式，诗人与画家具有不同的才秉，真正能使两者之间相生相发、意蕴交融的作家、作品并不多见。徐渭则诗画兼擅，这决定了徐渭的题画诗及其以绘画为题材的诗作具有独特的艺术魅力。正因为徐渭诗画兼通，因此，其题画诗数量甚多，这些作品与画面相映成趣、相得益彰，具有很高的审美价值。如他题墨竹诗云：

> 嫩筱捎空碧，高枝梗太清。
>
> 总看奔逸势，犹带早雷惊。

题画诗与墨竹图相映成趣，修竹的劲节挺拔之态与风云舒卷的奔逸之势形成了鲜明的对比，并统一于画面之中。尤其是后两句，形象、充分地显示了题画的独特魅力。"早雷惊"是画中难以显现的听觉效果，在诗中释出，丰富了画面的意蕴。同时，徐渭的题画诗还具有鲜明个性。如徐渭善画葡萄，其题画诗《葡萄》也独具风采：

> 半生落魄已成翁，独立书斋啸晚风。
>
> 笔底明珠无处卖，闲抛闲掷野藤中。

与一般题画诗点示画中意蕴不同，徐渭的题画诗常常是借画发挥，借画以抒怀，别具特色。这首题画诗写的是作画原因，作者借绘画与诗歌以表现怀才不遇、托足无门的悲慨。

徐渭的题画诗也是其画作艺术风格的诠释，诚如其所谓：

"山人写竹略形似，只取叶底潇潇意。譬如影里看丛梢，那得分明成个子。"徐渭绘画"大写意"的审美风格在其诗作中时常得到体现，如《李子送小景》：

> 李君小景入斯文，不用毫端力一分。
>
> 更是山腰能简便，墨痕断处便成云。

他题写的枯木石竹画，也是"大抵绝无花叶相，一团苍老莫烟中"，追求的是一种意态朦胧的境界，取法的是花叶之神韵。他在《竹染绿色》中亦云："我亦狂涂竹，翻飞水墨梢。不能将石绿，细写鹦哥毛。"徐渭绘画的这一审美取向在其题画诗中亦得到了体现，即重"大写意"，不求工笔的纤细精工之效，并常常不受制于画中所表现的物象，纵横捭阖，无所不达。如他喜画竹，也喜为竹画题诗。他曾画雪竹、雨竹、倒竹、笋竹、菊竹、竹石、水仙杂竹等，亦有题画诗。但是，与工笔画家不同，徐渭不是描摹不同环境中物象的差异，而是写意而求神采，其题画诗亦然，如《雨竹》：

> 天街夜雨翻盆注，江河涨满山头树。
>
> 谁家园内有奇事，蛟龙湿重飞难去。

虽然画的是雨中之竹，但诗中却无一字写竹，全是写雨。其原因即在于视觉艺术的画而言，竹形易现，雨意难摹。因此，诗与画，一写雨，一写竹，互为补充，相得益彰，使"雨竹"的主题更加完整、丰满。而以"蛟龙湿重飞难去"状写"翻盆注"的豪雨，是画中原有，还是诗人的想象？无须究问，诗情与画意已有机地相融为一。

一般的题画诗因尺幅所限，多为短制，尤以绝句为多，而徐渭的题画诗则内容十分丰富，有绝句，有律诗，亦有歌行，不一而足。如《写竹赠李长公歌》，长达二百三十五言，诗中除了前四句言及写竹之外，再不言竹，而是记述了李如松平虏堡之战归来时痛述怨愤的过程。徐渭画竹赠勋将，以喻其凌寒劲节的风骨，并通过诗歌表示了对时政的抨击。该诗诚如王夫之所言："仙才侠骨，驰骋烟云。"徐渭将满腔的愤懑与痛惜化成了画中的潇潇竹意，诗中主人公的和泪痛诉与诗人的郁勃情感。全诗在详细描写了李如松的诉说后，诗人以"欲答一言无可答，只写寒梢卷赠君"又回应开篇，结构完整。这几乎脱略了题画诗的任何色彩，与史诗几无区别。

徐渭精通绘画，他还常常以诗品画，内容同样多姿多彩。如《王元章倒枝梅画》：

> 皓态孤芳压俗姿，不堪复写拂云枝。
>
> 从来万事嫌高格，莫怪梅花着地垂。

徐渭通过品赞元末明初画家王冕所画的倒枝梅花"着地垂"的特征，得出了"从来万事嫌高格"的结论。是论人？还是为七子派所倡的古法高格而发？抑或兼而有之。有时，徐渭还以诗歌的形式对前人的画论提出异议，以彰明自己的审美取向。如《画竹与吴镇二首》诗云："东坡画竹多荆棘，却惹评论受俗嗔。自是俗人浑不识，东坡特写两般人。"这虽然是一首题画诗，但诗中所论并非自己所画之竹，而是对前人品评东坡画作进行的反批评。如前所述，徐渭对东坡崇仰殊甚，称之"千古一人而已"。徐渭认为，苏轼画中的劲竹与蔓生的荆棘，正是雅俗"两般人"的象征，不解其意而乱作解的品评者，其实恰如画中所现的荆棘。

绘画已融入了徐渭的生活，他或以画易物，其《鱼蟹》诗云："夜窗宾主话，秋浦蟹鱼肥。配饮无钱买，思将画换归。"或以画明志，以画寄情宣愤。画中之境与现实之境在徐渭那里已融为一体，并通过诗歌展现了这种浑一之境。如《画石榴》诗写道："五寸珊瑚珠一囊，秋风吹老海榴黄。宵来酒渴真无奈，唤取金刀劈玉浆。"作者笔下的石榴已泯合于现实之中，而这也是中国古代绘画艺术中的极高境界，张僧繇画龙点睛的传说，正是状其画作之生动逼真。徐渭生性傲兀，他在诗歌中亦以其状写自己画作的精妙，其《跃鲤三首送人》诗云："昔人画龙破壁去，余今画鲤亦龙俦。墨到鬣边忽一逸，令人也动点睛愁。"在《题自画菜四种》中他又说："葡菜葱茄满纸生，墨花夺巧自天成。若教移向厨房里，大妇为韭小妇羹。"《伏日写雪竹》诗又云："昨夜苦热眠不得，起写生篁雪两竿。莫问人间凉与否，苍蝇僵拌研池干。"画境内外之寒暑判若天壤，但诗中的画境可通人境、实境，苍蝇之"僵"是因"篁雪"而冻"僵"，是作者对自己艺术的自信、自赞，更是作者沉浸于自己的画境之中而生的奇思妙想，艺苑奇才的徐渭就是生活于诗画情境之中。

虽然徐渭的画作以大写意著称，但是，画家都具有准确敏锐的观察力和独特的感悟力，徐渭的这一特点在诗歌中也得到了体现，他对景致的观察也别具匠心。如《竹月篇为易道士赋》：

> 修竹隐丹扉，萧萧映月微。林稠光不碍，叶动白
> 俱飞。制鼎看圆魄，裁箫度羽衣。翻经清夜永，犹带

露华归。

这种准确的观察与描摹，使得徐渭的诗歌带有明显的画意。就题材而言，徐渭经常以自然物象为诗料，进行仔细的描摹与展现，如他以《后闻鹦鹉眼系直度，两眶人可洞视》为题作五言排律，专门描写鹦鹉双眼。这类作品数量甚多，不容论者忽视。

题画诗、赞画诗因其内容所限，往往不及表现生民疾苦、时事艰危的作品那样受到论者的注意。历来的选家也几乎不收录徐渭的此类作品，但是，笔者认为这类作品具有较为独特的价值。其一是因为徐渭诗画兼通，他所作的题画诗非他人可比，而具有相融为一的特色。其二是这类作品影响了徐渭诗歌的特色。徐渭的文较之于诗歌更多地表现了现实的忧愤，这也许是因为长期的代拟之作严重地束缚并戕害了徐渭的心灵与情感，因此，在代拟之外任意挥洒的文章中徐渭被压抑的情感便自然地抒写了出来。与此稍有不同，徐渭的诗歌中表现的情感并不像文中的那样炽烈，这是因为徐渭的诗歌多为自得之作，尤其是诗歌中营造的艺术境界成了徐渭自得其乐的心灵寓所，其中题画诗、赞画诗便是沟通诸种艺术、营造徐渭艺术天地的重要桥梁。面对着劲节的墨竹、摇曳的风荷、傲雪的腊梅，作者沉潜于画境之中，亦沉潜于诗境之中，与现实的逼仄之境形成了鲜明的对比。虽然我们也偶尔看到一些诗人的叹怀，但诗中的徐渭更多的是以一种宁静平和的心态来面对着世界与人生的。诚如在《葡萄》诗中所云："世事模糊多少在，付之一笑向青天。"因此，诗中的徐渭往往是忘却了苦痛，周遭与艺术相伴的徐渭。诗歌是其遣兴、自得之作，而非呐喊与抗争之作。

二、亦庄亦奇的艺术风格

徐渭主张师心自用、抒写真我，但并不反对师习古人，而是要学习前人之神韵，他在《书田生诗文后》中说："诗亦无不可模者，而亦无一模也。"但是，徐渭的诗歌其实深得前人诗法，这也得到了世人的普遍认同。如陶望龄在《刻徐文长三集序》中认为徐渭诗"深于法而略于貌"，"诗杂主于唐中晚"。袁宏道虽然说徐渭诗歌"尽翻窠臼，自出手眼"，亦即不循固有诗法，但在《冯侍郎座主》中也指出其诗"有长吉之奇而畅其语，夺工部之骨而脱其肤，挟子瞻之辨而逸其气"。也就是说，徐渭是得古人意脉而略于形貌。徐渭以何人为法？对于其诗歌得李贺之神韵几成共识，如朱彝尊在《静志居诗话》中所说："文长诗，原本长吉，间杂宋元流派，所谓'斐然成章，不知所以裁之'者"。四库馆臣也认为徐渭"诗欲出入李白、李贺之间"。同样，袁宏道谓其诗"偶尔幽峭，鬼语秋坟"，亦可视为徐渭诗歌与李贺神韵相通，这大致道出了徐渭诗歌的风格特征。

徐渭具有奇崛色彩的诗歌随处可见，如《筼石篇》："片石插寒塘，泠泠箭竹黄。谁提数寸管，坐到一秋长。"《自浦城进延平》："溪山孕铁英，怪石穿水黑。马齿漱寒流，冶火融初滴。"《夜宿丘园，乔木蔽天，大者几十抱，复有修藤数十寻，县络溪渚》："老树拿空云，长藤网溪翠。碧火冷枯根，前山友精祟。"《无题》："黑云风搓成细索，皎月天开空霁落。云索条条有时断，月皎夜夜同君乐。"可见，徐渭诗歌中得李贺神韵的作品是显而易见的。正如李贺被视为有"异才，而不入于大道"一样，徐渭师法李贺也受到了后世学人的批评，如四库馆臣在《徐文长集提要》中即认为其："才高识僻，流为魔趣，选言失雅，纤佻居多，譬之急管幺弦，凄清幽渺，足以感荡心灵，而揆以中声，终为别调。"其实，徐渭这类风格的作品亦为其性情所致，现实给徐渭留下的是条榛莽遍布的生活道路，诗人的心灵受到了太多的摧折，因此，诗人眼中的景致往往带有险怪冷峭的色彩。

也有论者认为徐渭的诗歌尚有本色的一面，如清人陈田在《明诗纪事》中说："文长诗如秋高木落，山骨棱棱。又如潦尽潭清，荇藻毕露。"陈田所谓"潦尽潭清，荇藻毕露"即是自然本色的风格。这些作品当是描写自然物态、社会状况、风土人情的作品，而这也正是中国古代诗歌"唯歌生民病"的现实传统，因此，陈子龙说"文长亦有正音"诚为允评。徐渭有些作品写得本色自然、优容不迫，如《顺昌道中新晴》：

解辔投山屋，束鞍闻曙鸡。风云留宿雨，花草踏晴泥。晓峡喧溪路，春沙泛马蹄。遥知武夷曲，只在乱峰西。

这些描写现实生活的作品诚如袁宏道所说的"夺工部之骨而脱其肤"之作。同时，徐渭还有纵送自如、恢张排宕的作品，这就是袁宏道所说的"当其放意，平畴千里"般的诗风，其中，歌行体最为流丽。

徐渭诗歌在审美方面呈现出的多元色彩，体现了徐渭是广泛汲取前人而后自铸伟辞，即是徐渭自己在《书草玄堂稿后》中所说："渭之学为诗也，矜于昔而颓且放于今也。"他能根据诗作所表现的内容随物赋形，采取与其相应的风格，而不胶执于一法一格。如他写塞上风情的诗歌气象宏大，状江南秀色则清丽秀逸，寄赠边庭将士则豪气干云，写自然物象则达意传神，写市井生活则质朴自然。在诗歌体裁方面，徐渭能熔众长于一炉。徐渭描写社会现实的作品时常体现出杜诗沉郁顿挫的风格，但杜甫"遣词必中律"，而徐渭是一位兼通众艺、性情疏狂的诗人，与杜甫有很大的不同，因此，徐渭多以歌行体以抒写胸中"不可磨灭之气，英雄失路托足无门之悲"。如《写竹赠李长公歌》《沈叔子解番刀为赠》等都是现实题材，但都纵送自如，声宏气壮，将杜诗的现实风格与太白的恢宏之势融为一体，从而成就了徐渭自己诗歌的风格特征。

当然，这些尚不属于四库馆臣们所说的"选言失雅，纤佻居多""愤激无聊"的作品，徐渭诗歌中尚有一些看似格调不高的"俚俗"之作，他有时径以粗鄙琐事作诗料，如《至日趁曝洗脚行》即是如此：

> 不踏市上尘，千有五百朝，胡为趾垢牛皮高，碧汤红檐浣且搔，一盆湿粉汤堪捞。徐以手摸尻之尾，尻中积垢多于趾，解裈才欲趁余汤，裈裤赤虱多于虮。养不知搔半死人，叔夜留与景略扪，豕羼豕蹄尔视为广庭，比我茅屋一丈之外高几分，况是傲赁年输

银。日午割豕才归市，醢以馅面作冬至，澡罢正与遇虱语，长须唤我拜主，往年拜号辄已，今年拜罢血如雨，烂两衣袂，枯两瞳子。

尽管这些诗歌真实地反映了徐渭落魄潦倒的生活，但确实无审美价值。因此，论者对徐渭诗歌中"失雅"之作的批评并非完全出于正统文人的偏执之见。对于这样一位屡遭不幸摧折的诗人来说，以粗鄙无忌语言聊发对于贫苦生活的感喟与无奈，只能说既是诗人的不幸，也是社会的不幸。尤其是当现实世界一次次给诗人无情的折磨后，诗人只能以苦涩的自嘲自谑来排遣生活的郁闷。因此，在徐渭的诗歌中时常有一些出人意表的情绪表现方式及审美趣味。如同学叶子肃客死京师，徐渭赋诗云："一春绿草飞蝴蝶，千里黄沙暗鼓鼙。两地分明谁苦乐，游魂莫遣到家迟。"以叶子肃魂归江南为乐，化悲恸为慰藉。他借飞雪而抒写世事不公，青天亦复如此，飞雪本同，飘落之处却不一。他戏为《谑雪》诗云："一行分向朱门屋，误落寒酥点羊肉。"而另一边则是"岂无一笠黄茅里，僵杀岩岩一瓮韭"。因此，徐渭发问道："初起青苹本亦同，大王毕竟是雄风。总令受者自分别，难道青天秉至公？"作者在题注中云："一笠黄茅，小草屋也。岩岩一瓮韭，瘠儒也。"诗人以谐谑的笔调对苍天、世事发出了沉重的诘问，雪花飘洒异处，"大王毕竟是雄风"！才艺超群，但落得孤处一笠黄茅之中，独守一瓮韭蔬。世事如此不公，令人何等凄悲！但是，作者对一己之穷愁只化为对小窗之外的几絮飞雪发出几句戏语而已。如此的诙谐之笔，又是何其沉重？

徐渭的诗歌之所以受到后世学人的不同评价，与其取法多方而又不拘于古法的诗学取向不无关系。深而究之，盖因徐渭才华绝伦而又长期抑郁忧愤的心态、性情使其然。他的诗歌是不平而又无奈者的苦涩呻吟与寄意，诗人诙谐的笔调中蕴含着冷峻与不平。

第5章

称显于时的骈文与开晚明风气的小品文

如果说徐渭之诗主要是写一己之情，那么他的散文、骈文的内容则较为复杂。一方面，因为徐渭长期居于幕下，所作的代拟之文需秉幕主旨意，因此，尚有一些言不由衷之作。但是，幕客的经历使徐渭的不幸人生中有幸与闻明代重要的军国大事，在徐渭代拟的表颂、章奏之中，也寄寓了作者的理想与智慧。这些作品又能充分展示徐渭"经世"的一面。其中骈俪之文占据相当的比重，这些作品辞章富赡流丽，是徐渭当时受到诸幕主青睐的根本原因，理应受到研究者的注意。同时，徐渭还有直抒胸臆的小品文类，这些作品任意挥洒，喜怒哀乐无所不及，隽永可喜，才情满纸，独具风格，是徐渭与晚明文学思潮相应和最为明显的文学样式。

对于自己的散文与骈文成就，徐渭在《书田生诗文后》中有这样的评价："田生之文，稍融会六经，及先秦诸子诸史，尤契者蒙叟贾长沙也。姑为近格，乃兼并昌黎大苏，亦用其髓，弃其皮耳。师心横从，不傍门户，故了无痕凿可指。""田生"即徐渭的别名"田水月"。可见，徐渭的文章一方面以"师心横从，不傍门户"为自得；另一方面，又自认为有得于庄子、贾谊以及韩愈、苏轼之文。徐渭之文有得于苏轼以及韩愈，这受到了后世学者的普遍认同。但对于有得于庄子与贾谊则鲜有人论及，这主要是因为庄、贾的为文风格并不相同。庄文高蹈恣肆，遁世逍遥，而贾谊则以辅君弼国为己任，所为之文，验之往古，按之当今之务，多为军国之大计。两者之间看似迥然不同。其实，这两者在徐渭身上确实得到了统一。徐渭一方面自云："予耽庄叟言真诞。"耽爱庄子，是因为"言真诞"，亦即庄子寓真于诞，寓实于玄，以谬悠之说，荒唐之言，无端崖之辞，表现独与天地精神往来的人生态度与为文风格。所谓"诞"，显然不仅仅是语言风格，而更是以汪洋自恣之文以表现"一泓秋水看龙飞"的精神。另一方面，徐渭虽仅为一诸生，但他经历并参与了明代后期边疆海防的重大事件，并且多次入高官之幕，为其代拟了诸多表颂、章奏、书启等公文，虽然多秉承幕主之旨，但其中也寄寓了作者的理想。这些作品无论是纵论国事的内容还是明允笃诚的风格，都有得贾谊之文风的痕迹。兹对徐渭之文按其内容分为经世之文与小品之文两类分而述之。

一、经世之文

徐渭虽然科场不顺，但经世之心十分强烈，人生期许甚高，曾自云："激昂丈夫，焉能婆娑蓬蒿，终受制于人。"他的经世思想在其文中得到了充分体现，尤其是徐渭亲历了抗倭斗争，他曾"至高埠，进舟贼所据之处，观览地形，及察知人事"，写成《拟上督府书》，提出了详尽周密的歼灭倭寇的计划。在《拟上督府书》中提出了周密的用兵之道，表现了徐渭突出的军事才能以及期在报国的决心。即使是代拟之作，也难掩徐渭的经世之志，如《代白卫使辨书》，虽是为"以海寇抱不测之罪"的卫使辩白，但作者纵横捭阖，援古论今，期以"甘犯铁钺之诛，再效愚忠于前"，表达了"挂席涉海，凌白涛之中，取鲸鲵之首而枭之藁街"的决心。至于因时而制的策问，更是纵横裕如，条分缕析，既表现了徐渭的经国之志，又体现了为文以致用的意向；《治气治心》纵论儒家与兵家治兵之道的异同，具有强烈的现实针对性；《军中但闻将军令论》从君、臣关系的角度，论述了"古之善将将者，使士卒畏将而不畏己"的道理，同样是因现实的抗倭斗争而发。这些文章风格各异，体裁有别，但都显示了徐渭鲜为人知的军事、政治才能以及文以致用的特征。

徐渭以文经世还在他与张元忭撰写《会稽县志》的过程中得到了体现。《会稽县志》虽然署张元忭之名，但是，张氏其实仅起到"严义例，核名实"的作用，而徐渭实际从事的是"编摩之役"，也就是说，县志实际成于徐渭之手，这也就不难理解《徐文长三集》中何以收入《会稽县志》诸分志的专论了。在这些专论中充分体现了徐渭修志为文所秉持着的强烈用世之心。如撰地理志的目的，是因为他将天下视若"大器"，将会稽一县置于"天下"之大局中，让治理者了解舆地之实情，期以治理好一县，并广而及于"天下"。因此，徐渭所撰之志具有鲜明的特色。这就是他与一般地志以表彰名物风流为唯一期许并不相同，而是美刺相兼。徐渭在撰会稽风俗时，痛陈了当时风俗沦丧的现实，说："而今之所安者，婚论财，嫁率破家，乃至生女则溺之，父母死不以戚，乃反高会召客，如庆其所欢事，惑于堪舆家则有数十年暴露其父母而不顾者。"又说"而今之所乐者，其业在博塞以为生，群少年日骛于市井，黠佃逋主者之租，又从而驾祸以协之"。徐渭视诸种恶俗如同"瘤"一般，所撰之志，就是期以起到药石功能，以"图自化为常肤"。同样，在《山川志论》中，与一般志书多状写本地山川或峻伟、或秀丽的特色不同，徐渭历述了古今志山川的篇制区别。作者从"今之志会稽者，书天下千之一之山川，乃累数十纸而未终，且间有缺"的奇怪现象以说明如今贡物之繁多，这是因为"秦以后，天下之地一统于京师，惟一统于京师，则王者虽制其贡矣，不责其数不可也，故一毛一鳞之所产，亦必稽于土，登于版，与壤亩等也，而不敢以谩。夫物不责其数，故山川可略也，可略，故纪山川其大如州者不满一尺牍。物责其数，故山川不可略也，不可略，故纪山川其小如邑者，累十数纸而未终，且间有缺"。而贡物之源，则在民众，因此，这一看似令人费解的《山川志》实乃着意于关心民瘼。徐渭的这一宗旨还贯及《物产论》《设官论》《户口论》等亦即《会稽县志》各篇的编撰之中。

由此可见，虽然徐渭之文中有与晚明文人相似的性灵小品，但徐渭之文中更有关乎国是民瘼的大量作品。这些作品有相当一部分代拟之文，这对于主张抒写一己之真我的徐渭来说，其心灵无疑饱受了常人难以想象的痛苦与煎熬。徐渭卓荦的文学才华成为属意于他人的工具，其中违背心曲的宦场套语，乃至于谀媚之词也时时可见，徐渭在灵魂与生计的矛盾纠葛之中，不得已而俯就于严酷的生活现实。这也就是他时常表现出逡巡不前、彷徨犹豫心态的根本原因。他在《自为墓志铭》中曾自述入胡幕的经历："一旦为少保胡公罗致幕府，典文章，数赴而数辞，投笔出门。使折简以招，卧不起，人争愚而危之，而已深以为安。"但这样的屈就还是为徐渭留下了更为复杂的困境：一方面来自险恶的政治环境的压迫，因代拟而陷入其中，时时感受到政治险恶的苦闷；另一方面，灵魂屈就于现实的抉择又背离了徐渭的人生原则，灵魂发出的哀鸣越发使徐渭感到代拟人生的痛苦。因此，他汇成《幕抄小集》之后有这样的心灵自白："予从少保胡公典文章，凡五载，记文可百篇，今存者半耳。其他非病于大谀，则必大不工者也。噫！存者亦谀且不工矣，然有说存焉，余不能病公，人亦或不能病余也，此在智者默而得之耳。"徐渭的痛苦只能以心灵乃至肉体的自戕作为结局。稍感幸运的是，徐渭具有谀媚之嫌的作品主要集中于入胡幕期间代拟的奏表、书启等文字，数量并不很多。而因生活所需而博取润笔费用的碑传、序记等文字则时或寄寓自己的真情实感，有些还写得典丽富赡，很具文学色彩，如深得胡宗宪激赏的《镇海楼记》，虽然不无标榜胡宗宪事功之意，但其宗旨则在于昭太平，悦远迩，以钟会万民所归。文字典雅庄重，节奏和美，袁宏道称其为"隽伟宏畅，足称大篇"。即使是代胡宗宪所作的《代胡总督谢新命督抚表》，既表现了胡宗宪履新之时感激皇恩，矢志图报，洒涕誓师，欲平东南之患的决心，又寄寓了徐渭抗倭报国、拯救苍生的理想。全篇文字整饬雅驯，用典如贯珠，具有较强的艺术感染力。

徐渭的代拟之作一般都是骈文。对徐渭的骈文成就承学之士论之甚少，这固然是因为骈文确实有矜雅使博，易伤于形式之弊。同时，还因为论者多注意到徐渭之于晚明思潮开风气的作用，而小品文又是晚明文学最具代表性的文学样式之一，因此，论及徐渭之文，往往多注重小品文，徐渭的骈文成就也被小品文所遮蔽。但是，徐渭的骈文颇值一书，其原因固然在于骈文影响了徐渭的人生，徐渭屡次入幕，根本原因即在于其骈文成就冠绝一时。其骈文中包含了嘉靖朝诸多的政治、军事信息。同时，在以时文取士的明代，骈文这一古老样式在嘉靖年间经历了沉寂于科场而炽热于宦场的尴尬局面，从徐渭的作品中可以窥见骈文在这一时期发展的基本面貌。

二、小品文

与这些雅驯典重的奉意之作相比，徐渭的小品文显示了别样的风采，在这些作品中真情直露，不拘格套。清人邵长衡认为，徐渭的尺牍题跋"极有简韵，得苏、黄小品之遗。譬如山菘溪毛，偶一啖之，牙颊间爽然有世外味也"。这些萧散自然的作品大多写于离开胡宗宪之后。

入胡幕是徐渭重要的人生履历，也是徐渭作代拟之文最多的时期，其后虽然也曾北上宣府，但那是吴兑为徐渭提供的一次悠闲之旅。此后徐渭的生活虽然窘迫艰辛，并且还有长达七年的牢狱之灾，因此胡幕归来后徐渭所作也带有些许颓放的色彩，但这些作品没有秉意之作、灵魂俯屈于他人命意之下的痛苦，自然萧散的风格是其基本格调。这一时期的小品文数量众多，其中尤以品鉴小品、楼台小品、尺牍小品最具特色。徐渭小品文实开晚明小品文兴盛之先河。兹略论如次。

品鉴小品

中晚明文人颇具魏晋名士雅好品鉴之风，他们品评鉴赏的内容也十分丰富。或以莳花艺竹为乐，或垒石造园、品茗饮酒，并将其一一化为或闲雅清丽，或机趣丰蕴的文字。即如"饮不能一蕉叶"的袁宏道，也要期期以修"酒宪"为务，作《觞政》以作为"醉乡之甲令"。而以品茗为题材的小品文更为多见，如陆树声著《茶寮记》，张大复著《茶说》《煎茶》，张岱著《茶史》，屠本畯著《茶笈》，屠隆《考槃余事》中亦有专论茗茶的部分。徐渭也雅好品茗，并著有《煎茶七类》。该文虽然以《煎茶》为题，其实是以十分简括的文字，将茶文化的诸要素一一呈现。徐渭从饮者之品与佳茗谐和相得写起，云："煎茶虽微清小雅，然要须其人与茶品相得，故其法每传于高流大隐、云霞泉石之辈，鱼虾麋鹿之俦。"以志佳茗之功用，即徐渭所谓"茶勋"为卒篇："除烦雪滞，涤醒破睡，谈渴书倦。此际策勋，不灭凌烟。"文中还述及"品泉""尝茶"

"茶宜""茶侣"等。全篇以四字格为主，顿挫有致，如"茶宜"："凉台静室，明窗曲几，僧寮道院，松风竹月，晏坐行吟，清谈把卷。"从品茗的氛围可见茶乃修性之品，是清谈之士、禅伯诗友间证性悟道、论诗交谊之佳品。徐渭品茶之作篇制虽短，实开晚明文士品鉴酒茶之先河。因此，我们就不难理解何以诸家小品文选，诸如十六家小品文选、二十家小品文选、冰雪文选等都将徐渭之小品文列于开篇之首。

楼台小品

文人雅士往往寄意于园林别墅、馆阁楼台，以此寄寓他们的审美情趣。这些楼台或高轩凌虚，或小窗疏栏，或曲水流觞，在他们笔下，其艺术结构化成了美轮美奂的文字，这些楼台园林小品文与其所状的建筑之美相映成趣，成了晚明文人精神的重要寄寓。徐渭曾作有多篇楼台题记，其中既有代拟的"命题"之作，也有有感而题的自得之作。后者往往借庭园以抒怀，于自然处见精警，于叙记中见理趣，风格与其他晚明文人的楼台题记颇有不同。如《豁然堂记》波澜起伏，不着痕迹。作者从越中湖山之大处着笔，镜头由远而近，逐次推来。当湖山环会之处，堂屋出焉。正当读者以为将要仔细描绘豁然堂之时，作者又宕出一笔，写堂所处之背景：缭青萦白，髻峙带澄，近俯雉堞，远问村落，更有林莽田隰布错，人禽宫室之亏蔽。烟云雪月之变，倏忽于昏旦。还有"莲女""渔郎"点缀其中。由这些看似不经意之笔，作者忽而得出了这样的结论："登斯堂，不问其人，即有外感中攻，抑郁无聊之事，每一流瞩，烦虑顿消。"自然而又极谨严地点明了题旨。继而又写从凿牖所向之不同，便可舍塞而就旷，却晦而即明。正当文章似应戛然而止之时，波澜顿生，笔锋急转，由实即虚，由堂屋而叹及人生："嗟乎，人之心一耳。"由凿牖以喻人：私一己抑或公万物全在是否障蔽而已。此记更深刻的主旨却在"民胞物与"，美文实乃政论。显然，徐渭的小品文之中亦可见东坡文之神韵。时人谓晚明"东坡临御"而分身有四，其一则为徐渭，诚为允评。

　　与《豁然堂记》以变幻曲折见长不同，《半禅庵记》则以用喻精妙胜。诚如陆云龙所评："喻处解处微彻渺，度世津梁。"该文实乃因题记而发俗与禅的关系。全篇通过用喻以明理。开篇即论述了佛性与诸业习并不可分，云："人身具诸佛性，辟如海水，结诸业习，辟如海冰。当其水时，一水而已，安得有冰？及其冰时，虽则成冰，水性不灭。"因此，徐渭认为俗与禅实乃相济相融，即如同"以一石香屑和一石土沙而为一佛，香秽杂处，终不成半"。指出"大修之人不若顿超诸缘，尽澄清性海，则兹半俗，莫非半禅"。不难看出，徐渭之文深具理趣美，这与东坡之文颇多相似。同样，东坡文章恣肆而又具整饬之美，这就是徐渭所理解的东坡文"极有布置，而了无布置者"。徐渭以骈俪之文而见用于时，其题记小品中也透示出作者深厚的四六功底，这在《半禅庵记》中也得到了体现。袁宏道对该文亦甚推崇，谓其"此等参微真与长公颉颃"，同样将其与苏东坡相较。可见，徐渭文章有得于东坡是多方面的。徐渭小品文中体现出的这些特点与其后的袁宏道、刘侗、张岱等人的小品文风格又有显著的不同。同时，与公安三袁、张岱等人比较，徐渭鲜有山水市井游记存世，这可能是因为山水游记往往为信笔所作，徐渭素无珍藏旧作的习惯。陆张侯《一枝堂稿序》中有云："先生落笔，惊风雨，泣鬼神，然不甚爱惜，才脱稿辄弃去。"而楼堂题记则往往多借勒石而得以存世，才免遭散佚之憾。

尺牍小品

尺牍是小品文中最为自由灵活，也最易于见作者情致的文体，诚如清人李兆洛所言："尺牍之美，非关造作，每肖其人，诚以言为心声。尺牍随意抒写而性情自然流露，读者不啻如见人。"晚明文人的尺牍尤其自然可喜。徐渭的尺牍同样体现了他文尚本色的特征。所作既有长篇，亦有短制。长篇如《奉答冯宗师书》《答人问参同》等篇制甚宏，实乃政论文体，是徐渭学术思想的重要载体，其内容已在论及徐渭学术思想时述及。对于通常友朋往来、书讯问答的尺牍，徐渭似乎也不善收藏，因此，在《徐文长三集》中看到大多是他司记室之职而留下的书启，另外则主要是北上宣府时留下的为数不多的尺牍，可见是徐渭精选之作。而在《徐文长佚稿》和《徐文长佚草》中收录的书问、尺牍则为数较多。这些作品或诙谐风趣，或风流可喜，情韵自见，是徐渭小品文中最具特色的作品。

其诙谐风趣、清新可爱之作，如《与梅君》：

> 肉质蠢重，衰老承之，不数步而挥汗成浆，须臾拌却尘沙，便作未开光明泥菩萨矣。再失迎候道驾，

并只在乡里故人咫尺之间摇扇闲话而已，非能远出也。稍凉敬当趋教，兼罄欲言。

徐渭与梅客生相知甚深，其书牍无所不谈。文中寥寥数语，似人物漫画，将自己老病之状描绘得栩栩如生。作者于自嘲自状的文辞中自然地传达出了徐、梅二人融洽无间的关系。

其整饬华丽、严谨缜密之作，如《与两画史》中与画家论画：

奇峰绝壁，大水悬流，怪石苍松，幽人羽客，大抵以墨汁淋漓，烟岚满纸，旷如无天，密如无地为上。

百丛媚萼，一干枯枝，墨则雨润，彩则露鲜，飞鸣栖息，动静如生，悦性弄情，工而入逸，斯为妙品。

虽为尺牍，然无一赘语，无一虚应之词。节奏谐和，诗意拂郁，浑若题画诗。而在《答许口北》中则就许口北选诗而对儒家的诗学思想作出了别解，云："试取所选者读之，果能如冷水浇背，陡然一惊，便是兴观群怨之品，如其不然，便不是矣。"但徐渭持论求中，与公安三袁之信腕信口又有所不同，指出"然有一种直展横铺，粗而似豪，质而似雅，可动俗眼，如顽块大脔，入嘉筵则斥，在屠手则取者，不可不慎之也"。于短短的一篇尺牍中将作者的诗学思想展露无遗。

其友朋抒情，真情无忌之作，如徐渭曾应张元忭之邀而赴京师，然结果颇令徐渭失望，在常人视若不应为人道的隐衷，徐渭也在致柳生的尺牍中尽情倾诉，云：

在家时，以为到京，必渔猎满船马。及到，似处涸泽，终日不见只蹄寸鳞，言之羞人。凡有传笺蹄缉

缉者，非说谎则好我者也，大不足信。然谓非鸡肋不

可，故且悠悠耳。

祖露心灵的幽微之声，正是发挥了尺牍"本无师匠，莹自心神"的作用。可见，徐渭尺牍的内容或扬芬振藻，宣情吐臆；或述事陈理，伤离道别；或谈禅论道，论艺衡文。风格或清俊雅丽，或"如山菘溪毛"，鲜活可喜。晚明小品文称盛，是因为此时的尺牍已超越了实用而兼具抒写性灵、舒张个性的功能，徐渭是首开风气者之一。

序跋小品

徐渭的文学观念与实践"崭然有异"于时，但他除了作有《南词叙录》而专记南戏之外，并无文论专著，这也与晚明文人信笔所如而并不着意于立说颇多相通。他们的文学观念往往见著于序跋、尺牍之中。如袁宏道的"性灵说"最早则出自《叙小修诗》。同样，徐渭的序跋中也较多地体现了其文艺思想，如《叶子肃诗序》中论及诗歌当发抒本色自然之音时说："人有学为鸟言者，其音则鸟也，而性则人也。鸟有学为人言者，其音则人也，而性则鸟也。此可以定人与鸟之衡哉？今之为诗者，何以异于是。不出于己之所自得，而徒窃于人之所尝言，曰某篇是某体，某篇则否，某句似某人，某句则否，此虽极工逼肖，而已不免于鸟之为人言矣。"序跋往往借品评作品提出自己的文学观念，多以品评议论为主，但徐渭的序跋小品文中则以形象鲜明的描写，以人而为鸟言为喻，对徒窃他人之言的文坛风习提出了批评。同样，在《书草玄堂稿后》几乎全

篇都是描写：

> 始女子之来嫁于婿家也，朱之粉之，倩之鬈之，步不敢越裾，语不敢见齿，不如是，则以为非女子之态也。迨数十年，长子孙而近妪姥，于是黜朱粉，罢倩鬈，横步之所加，莫非问耕织于奴婢；横口之所语，莫非呼鸡豕于圈糟，甚至龋齿而笑，蓬首而搔，盖回视向之所谓态者，真赧然以为装缀取怜，矫真饰伪之物。而娣姒者犹望其宛宛婴婴也，不亦可叹也哉！渭之学为诗也，矜于昔而颡且放于今也，颇有类于是，其为娣姒哂也多矣。今校郦君之诗，而恍然契，肃然敛容焉，盖真得先我而老之娣姒矣。

全文通过老妪对于年轻时"朱之粉之，倩之鬈之，步不敢越裾，语不敢见齿"矫真饰伪行为的赧然羞愧，并以其喻诗，说明了为文当真情直寄、自然本色。徐渭序跋小品文中形象生动的描绘用以明理的例子不胜枚举，如他在《朱太仆十七帖》的跋文，从过人家圃榭之景而有所悟，遂而论及书艺，于错乱交戛之中见情致，而徐渭的跋文也正是于形象描述之中见理趣的佳作。纵横捭阖，由此及彼，论理述事。虽然篇制不长，但精警深刻，寄寓了他文求本色的观念。寓学理于形象，这是徐渭序跋小品的重要特征。

三、骈、散文的审美特征

如果说徐渭深厚的骈文功底，创作出的富丽雅驯的作品为其屡入官幕而博得了朝廷重臣的青睐，使布衣徐渭能够获取必要的生活依托，那么，形象鲜明、真情直寄的小品文则为徐渭赢得了在明代文坛的历史地位。徐渭的知音同道袁宏道曾一语道出其小品文的特征及价值，他说："文长短幅最澹逸，才隽手滑，有晋人风韵，宋人理味。"如果说"晋人风韵"是晚明文人小品文常见的美学风格，那么"宋人理味"则是徐渭所独具，因此，徐渭之小品虽呈"手滑"之状，但并未溺于晚明文人常见的俗易而至于油滑的境地。这是因为徐渭之小品文与其所擅的雅驯富赡之作同出于一人之手，因此，并非如袁宏道那样"信腕信口"，视格套为无物。徐渭之文在自然真切之中尚有法度在，论者都看出了这一点，陶望龄说徐渭"文有矩尺"，黄宗羲也认为其"文有法度，得《史》《汉》之体裁"。当然，承绪前人并非徐渭之文受到后人推赞的原因，徐渭之为徐渭，根本原因是其作品具有自身的风格特征。这种风格除了在其抒写真我的根本前提之外，在审美风格方面的特征是尤其值得关注的。对此，前人的评论给我们有些许启示。明人王思任认为徐渭之文"似厌王侯之鲭，独存蔬笋之味。又如著短后衣，缒险一路，杀讫而罢"。王思任所谓"蔬笋之味""缒险一路"大意是指徐渭之文具有奇峭的审美风格。笔者认为，王思任所言是颇有见地的。如果说徐渭篇制较长，纵论军国大事以及代拟之文多具有典重雅驯的风格，那么，徐渭自由抒写的小品文中形象奇峭的审美特征表现得十分明显。这从其奇僻的用喻，劲峭的语言风格以及尚奇的审美追求中即可看出。

徐渭善用喻，且用喻往往奇谲独特，如在与梅客生的尺牍中有"蚯蚓窍中出苍蝇声"之喻,尽显友朋无所拘束的情形;推赞梅客生之诗不可骤及时以"百丈之井,操寻常之绠以汲之,愈续而愈不及"相喻,生动自谦;写自己北上吴兑幕府之时已发白齿摇,身羸体弱,犹千里就道而操觚作文时云"此与老牯踉跄以耕,拽犁不动,而泪渍肩疮者何异",诙谐自嘲,神情毕现;在诠解"兴观群怨"之作的动人之效时说:"如冷水浇背,陡然一惊",熨帖生动,新人耳目;痛诘模拟之作云:"人有学为鸟言者,其音则鸟也,而性则人也。鸟有学为人言者,其音则人也,而性则鸟也。此可以定人与鸟之衡哉?今之为诗者,何以异于是。"以人学鸟言喻模拟,戏谑辛辣。有时他还以物喻人,如他在《歙石砚铭》中以砚以喻君子养德,云:"不食肉,色故墨,君子效之。绝荤以养德。不聚金,布则星,君子效子,散财以发身。"不但徐渭小品文中以用喻见长,而且较为正式的议论文也时常用喻,如在《读龙惕书》中,他以聪明运动为自然,以盲聋痿痹为不自然,用喻奇峭,形象鲜明。

徐渭之文在语言风格方面与晚明袁宏道等人相比亦有所不同,袁宏道等人的小品文以清新明快的语言风格见长,而徐渭小品文的语言则在峭劲中见沉郁。比如,徐渭与袁宏道都有过别官而去的经历,但心情却迥然不同。袁宏道连上七牍终获挂冠而去后,轻松自适,恰如"败却铁网,打破铜枷,走出刀山剑树,跳入清凉佛土",直呼"快活不可言,不可言"。而徐渭从胡幕归里后,心情忧郁焦虑,并且这一心情几乎贯及徐渭一生。因此,郁勃颓放的语言风格是徐渭小品文的重要特征。陆云龙对徐渭小品文曾有这样的评价："若寒士一腔牢骚不平之气，恒欲泄之笔端，为激为溅，为诋毁，为嘲谑，类与世枘凿。"即使作品中的诙谐幽默也往往带有苦涩。如他在《答张太史》中引西兴脚子所言："风在戴老爷家过夏，我家过冬。"徐渭文中"一笑"的些许泪痕清晰可见。而身陷囹圄之困时，在送友人的序中，对于"与鼠争残炙，虮虱瑟瑟然，宫吾颠，馆吾破絮"情状的描绘，实乃字字泣血。

徐渭文尚奇峭的审美意趣在其作品的题材中可以看出。徐渭长期抑郁，因此，他的散文中时常可见记幻记梦的内容，徐渭自己说过："鄙自塞上归，其后再他出，而归必有异拟。"徐渭所记的有"黄蛇""绿色蛇""地板一蛇""八脚物，大如大蜘蛛而甚赤"等。徐渭所记怪异之物象，与其饱受磨难的人生经历和其精神所受的创伤有关。如果说徐渭作品中出现的奇奇怪怪的题材多源于抑郁的心理，那么，尚奇的审美旨趣则形成了徐渭作品的重要特色。磊砢居士在《四声猿原跋》中曾说到徐渭作品之奇以及同道品评之奇："徐山阴，旷代奇人也。行奇，遇奇，诗奇，文奇，画奇，书奇，而词曲为尤奇。然而石公之传遒宕而奇，澄公之序与评俊逸而奇，后先标映，汇为奇书。"徐渭之文确如磊砢居士所言，也与他的其他作品一样充溢着奇峭的色彩，如他在《友琴生说》中写与琴相狎的友琴生时，情节曲折回环，奇幻莫测："余尝见人道友琴生曩客杭，鼓琴于舍，忽有鼠自穴中，蹲几下久不去，座中客起喝之，愈留，此与伯牙氏之琴也，而使马仰秣者何异哉？"由此作者发出了这样的感叹："夫声之感人，在异类且然，而况于人乎？

又况得其趣者乎？宜生之友之也。"人、琴之相得，融融于一，水到渠成，了无痕迹。更奇峭的是文章并未结束，当友琴生请益于徐渭时，双方默然良久，既而文势急转，徐渭对友琴生道出了这样的惊人语："余曰'生诚思之，当木未有桐时，蚕不弦时，匠不斫时，人具耳而或无听也，是为声不成时。而使友琴生居其间，则琴且无实也，而安有名？名且无矣，又安得与之友？则何如？'"路转峰回，人、琴相得顿成空境，友琴生之恍然若失自在情理之中："君复默然，若有所遗也。"同样奇谲的是，其后文势又转，友琴生毕竟明敏过人："已而曰：'得之矣，乃今知于琴友而未尝友，不友而未尝不友也。'"友琴生悟得徐渭语中三昧否？"余曰：'诺'"。文章戛然而止。从该文可以看出，文中既有鼠得琴声的奇幻情节，更有文章意脉的奇崛变幻，风卷云谲，不可捉摸。全文虽不长，但如九曲回廊，前驱不可或测，充分显示了徐渭之文尚奇的美学特征。

如果说徐渭的书、画以及戏曲作品《四声猿》曲折地表现了徐渭的心理世界，诗歌主要体现了徐渭对生活、艺术理想的一面，那么，其文不但较真实全面地记载了徐渭的人生经历、灵魂屈曲的痛苦与挣扎，而且从一个侧面反映了当时社会政治面貌。就艺术形式而言，徐渭的骈文如同曾经峥嵘一时的老树上发出的几粒新芽，记录了这一古老文学样式在明代中后期的存在。尤其值得我们关注的则是如山菽溪毛般爽然有味的小品文，记录了这一晚明文学拓荒者留下的空谷足音。

第6章

曲坛奇葩：《四声猿》与《南词叙录》

一、猿鸣四声的婉曲寓意

徐渭虽然没有对于戏曲作品的自评，但论者往往认为徐渭的戏曲成就更高于诗文，其实，戏曲与诗文都是徐渭写情寄意的重要样式。对此，钟人杰在《四声猿引》中谓之："文长终老缝掖，蹈死狱，负奇穷，不可遏灭之气，得此四剧而少舒。"钟人杰认为徐渭《四声猿》是为抒写情怀、寄意放言而作，诚为徐渭知音。事实上，《四声猿》也受到了论者的高度评价，如澄道人认为《四声猿》的成就更秀出于诗文之上，谓其"俄而鬼判，俄而僧妓，俄而雌丈夫，俄而女文士，借彼异迹，吐我奇气"。其豪俊、沉雄、幽丽、险奥、激宕之风格，几可与青莲、杜陵之古体，长吉、庭筠之新声，腐迁之史，三闾大夫之《离骚》，蒙庄之《南华》，金仙氏之《楞伽》可比。更视其为明代戏曲第一，乃至于明代绝奇文字之第一。澄道人之评，显然不无过誉之处，但徐渭戏曲确实奇绝一时，与流俗文字迥然有异。然而，其旨趣究竟为何？徐翙在《盛明杂剧序》中谓："文长之晓峡猿声，暨不佞之夕阳影语，此何等心事。"

对于徐渭撰作《四声猿》所表达的"何等心事"，后人看法不一，难以参破其中玄机，对徐渭极为钦敬的郑燮云："忆予幼时，行匣中惟徐天池《四声猿》、方百川制艺二种，读之数十年，未能得力，亦不撒手，相与终焉而已。"其实，这与《四声猿》的创作时间有关。对此，徐渭的学生王骥德的记述最为可信，王骥德在《曲律》中说："徐天池先生《四声猿》，故是天地间一种奇绝文字。《木兰》之北，与《黄崇嘏》之南，尤奇中之奇。先生居，与余仅隔一垣，作时每了一剧，辄呼过斋头，朗歌一过，津津意得。余拈所警绝以复，则举大白以醑，赏为知音。中《月明度柳翠》一剧，系先生早年之笔；《木兰》《祢衡》，得之新创；而《女状元》则命余更觅一事，以足四声之数，余举杨用修所称《黄崇嘏春桃记》为对，先生遂以春桃名嘏。今好事者以《女状元》并余旧所谱《陈子高传》称为《男皇后》，并刻以传，亦一对，特余不敢与先生匹耳。"

笔者认为，《度柳翠》极可能为早年之作。而根据徐渭在宣化府时曾作赞美三娘子的六首《边词》中，有"唤起木兰亲与较，看他用箭是谁长？"可知，《雌木兰》极有可能是徐渭万历五年（1577）从宣府、京师归来之后所作。《狂鼓史》是有感于沈炼被害，有较丰富的诗文可作佐证。徐渭应吴兑之招所在的宣府，正是二十年前沈炼被杀害的地方，因此，《狂鼓史》很可能是徐渭万历五年秋归越之后数年间而作。这样，我们就不难理解该剧最后为何以"大包容，饶了曹瞒罢"作结，因为这时严嵩被杀，胡宗宪被逮，徐渭也受到惊吓，创作《狂鼓史》时对于沈炼被杀有了更加复杂的理解。《女状元》的创作时间则更晚。如此看来，徐渭创作《四声猿》虽然有如澄道人在《四声猿跋》中所说的"猿啸之哀，即三声已足堕泪，而况益以四声耶"之意，但是，如何一一坐实论之，似乎很难。诚如作者自云："要知猿叫肠堪断，除是侬身自做猿。"徐渭创作这四部短剧的婉曲用意，只有作者自知。因此，我们似乎更应该将其视为是徐渭自遣情愫之作。"自做猿"一语，似乎是徐渭有意识地屏蔽了他人对《四声猿》的诠解路径，因此，吴梅先生提出的"与其凿空，不若阙疑"的解读方法是不无道理的。据吕天成《曲品》记载，沈采之《四节记》"一记分四截，是此始"。其后，《风教编》"一记分四段，仿《四节》体。趣味不长，然取其范世"。因此，徐渭在形式上足成此数，于情于理都可理解。尽管作者对于《四声猿》的命意不如我们想象得那样严密，但从《四声猿》中似乎不甚相关的四部短剧中，仍可以感受到字里行间充溢着的峥嵘奇崛的气韵。诚如钟人杰《四声猿引》所说："嬉笑怒骂也，歌舞战斗也。"

但徐渭为何创作《四声猿》，又是理解作品的关键，因此，仍需通过曲中信息，寻绎徐渭创作时的心路历程。笔者认为，钟人杰所说的徐渭借《四声猿》而使奇穷不可遏灭之气得以少舒的说法是较为接近徐渭心路的。其实，徐渭的四声猿鸣之所以令人难以索解，一个重要的原因是《雌木兰》与《女状元》都是以大团圆为结局，与猿鸣之哀的基调难以谐和。其实，木兰、春桃都以女子之身而铭绝塞、标金闺，这对于素有经国之志的徐渭来说，则别有一番滋味。"须眉汉，就石榴裙底"能不悲慨？因此，从曲中辞凰得凤的热闹之中，听到了作者发出的心语："世间好事属何人？不在男儿在女子。"因此，喧阗的场景之后，更有丝丝哀婉的情调与其他两剧的苍凉色彩相应和。从这个意义上来看，四部短剧之悲各有胜场：《狂鼓史》是借祢衡以喻沈炼，抒写明代政治之悲；《翠乡梦》则是发宗教之悲；而《雌木兰》《女状元》则是叹一己之人生之悲。

《狂鼓史渔阳三弄》（简称《狂鼓史》）中，徐渭以诙谐的笔调，叙述了祢衡击鼓大骂曹操的故事。剧中的曹操与历史小说中的曹操有所不同：祢衡骂曹操之事最终被上帝知道，召祢衡为修文郎。而曹操则窘态百出，"不再来牵犬上东门，闲听唳鹤华亭坝，却出乖弄丑，带锁披枷"。同时，历史小说中的祢衡虽然傲兀正直，但曹操则操持着生杀大柄。而《狂鼓史》中将历史上祢衡骂曹故事搬至阴间，曹操的丞相是因判官之令而装扮而成。在开场之初，判官即为曹操立了这样的规矩："曹操，今日要你仍旧扮作丞相，与祢先生演述旧日打鼓骂座那一桩事。你若是乔做那等小心畏惧，藏过了那狠恶的模样，手下就与他一百铁鞭，再从头做起。"徐渭笔下的曹操已了无《后汉书》中那样"杀之犹雀鼠"一般的不可一世，剧中的曹操是一个待审之囚，祢衡与曹操的位置已被彻底颠覆。因此，曹操只能发出这样的哀求："祢的爷饶了罢么！"徐渭演绎历史题材，赋予了其丰富的内涵。就骂曹的内容来看，《狂鼓史》也增强了许多新的内容。如徐渭借祢衡之口，历数了曹操残杀杨修、孔融的事实，而这方面的内容《三国演义》中并没有涉及。可见，徐渭创作《狂鼓史》实为沈炼鸣冤。据史籍记载，沈炼在与张逊业饮酒时，谈及严嵩，"慷慨骂詈，流涕交颐"。其后，沈炼上疏揭露严嵩的罪行，因之被贬谪。而当地百姓因痛恨严嵩的恶行，"争詈嵩以快炼，炼亦大喜，日相与詈嵩父子为常"。但这一情况为严嵩所知，遂指示斩沈炼于宣府市。可见，沈炼亦曾有过骂詈权奸的经历。更明显的是，徐渭在诗文中也屡屡将沈炼喻为祢衡，他在祭吊沈炼时说："公之死也，诋权奸而不已，致假手于他人。岂非激裸骂于三弄，大有类于挝鼓之祢衡耶。"徐渭创作《狂鼓史》显然与沈炼有关。但是，值得我们注意的是，《狂鼓史》的结局是祢衡对判官说："大包容，饶了曹瞒罢！"虽然判官以"这个可凭下官不得"进行了推却，但是祢衡的心中已是"我想眼前业景，尽雨后春花"。剧中之祢衡何以如此胸襟宽恕了曹操？这也许与徐渭创作时的心态有一定的关系。沈炼于嘉靖三十六年（1557）被害时，徐渭刚被胡宗宪招为幕客，胡宗宪对徐渭有知遇之恩。而胡宗宪与严嵩的关系也颇为复杂。胡宗宪曾依附于严嵩的亲信赵文华，正是因为赵文华的推荐，胡宗宪才得以任浙江总督。赵文华死后，胡宗宪又曾依附严嵩。徐渭既钦慕沈炼高洁坚贞的品行，又对胡宗宪深怀感激。这种矛盾的纠葛自然困扰着徐渭，由此也许就能理解在《狂鼓史》落幕之前，祢衡为何宽恕了曹操。

《玉禅师翠乡一梦》（简称《翠乡梦》）则是徐渭融合了诸民间故事与戏乐的情节的基础上创作出的一部结构完整的戏曲。描写的是南宋临安水月寺苦心修持的玉通禅师，因未去参拜新上任的"象似个担当的气魄"的府尹大人柳宣教，柳氏怀恨，暗中遣营妓红莲色诱玉通，破其色戒，令玉通二十年闭门不出坐化修行之功全部废尽。玉通悔悟，为报怨而投胎，成为柳氏之女柳翠，自陷为娼，以报复柳家。后遇玉通的师兄月明和尚，月明点破其前身，柳翠顿悟，被度出家。

《翠乡梦》故事的源头比《狂鼓史》更为复杂。红莲与柳翠原本是两个互不相关的故事。关于红莲的故事，最早见载于宋张邦畿的《侍儿小名录拾遗》之中。而柳翠的故事最早见于元人李寿卿的《月明和尚度柳翠》，全剧对柳宣教与玉通的恩怨并没有涉及。将红莲与柳翠的故事合二而一的具体时间已难以确考，但是，至明嘉靖年间田汝成的《西湖游览志》和万历年间刊刻的《绣谷春容》中的《月明和尚度柳翠传》，故事情节已与徐渭的《翠乡梦》相似。其中尤其值得注意的是田汝成《西湖游览志余》卷二十《熙朝乐事》中所记载的"若《红莲》《柳翠》《济颠》《雷峰塔》《双鱼》《扇坠》等记，皆杭州异事，或近世拟作者也"。根据其排列次序可知，这时的《红莲》《柳翠》虽未合一，但很可能是前后相续的两个故事。而同为田汝成所作的《西湖游览志》中记述柳翠时，已与红莲的故事相衔接。《西湖游览志》的创作年代与《翠乡梦》相去不远。可见，徐渭剧中所反映的柳翠故事在当时已颇为流行。

那么，徐渭何以将《翠乡梦》列于《四声猿》之中呢？这势必关涉徐渭的创作意图。对此，论者或认为是对佛教禁欲主义的嘲弄，或认为是揭示僧侣的伪善，或认为是在表现佛教空即是色、色即是空的佛家思想。认为剧中前场是禅僧为妓女笼络，后场妓女为禅僧所济度，即是色与空的循环照应。笔者认为，此剧并非为揭露僧侣的伪善，嘲弄佛法，而是以另一种形式弘宣佛法。徐渭在其诗文中并无嘲弄、批评佛法的言辞，相反，他还著有《首楞严经解》。更重要的是，通过《翠乡梦》亦可看出玉通禅师之所以虽经修持，但还是破了色戒，原因即在于尚未达到"泼剌剌透网金鳞"的境界。同时还因为其"盲修瞎炼"，尚有"一丝我相"，并未真正能够顿悟佛法。因此，徐渭实际是主张顿、渐相兼。如何才是"大悟"呢？这就是"把要将不将都一齐一放"，走出冤冤相报的恶性循环。这同样可以通过《翠乡梦》与《度柳翠》以及《西湖游览志》的比较可以看出。

《翠乡梦》不同的是在玉通开场之时有一段长篇道白，其内容即是揭示顿、渐相兼而以顿为究竟法门。同时，也多出了玉通法师如何因救人命而破色戒的过程。笔者认为，《翠乡梦》是《首楞严经》的艺术再现。《首楞严经》第一卷即是记述了阿难因乞食而经历淫室，遭大幻术，摩登伽女以咒语将其摄入淫席。如来得知，敕文殊师利前往以神咒消灭恶咒，将阿难及摩登伽女带回佛所。阿难悔恨自己一向多闻，未全道力，其后，佛告以一切众生从无始来，生死相续，皆由不知常住真心性净明体，有诸妄想，故有轮转等。可见，《翠乡梦》与《首楞严经》第一卷有颇多"暗合"之处。只不过是以玉通饰演了阿难，红莲饰演了摩登伽女而已。可见，《翠乡梦》虽然是旧题新作，但其中已包含了徐渭对《楞严经》的理解。

事实上，除了在情节上该剧与《楞严经》应合之外，《楞严经》"即事而真"的佛理，在《翠乡梦》中时有所见。如在第二出中月明和尚的自白即有"一花五叶总犯虚脾，百媚千娇无非法本"等。《楞严经》又是一部被称为是"宗教司南，性相总要"的经典。其中，《楞严经》无论是观物途径、解脱方法与禅宗都有相通之处。禅宗以明心见性为本，而《楞严经》始自征心，极于见见观观，宗门参究之旨皆备于斯。因此，此经向来受到禅者的重视。虽然我们已无法了解徐渭《首楞严经解》的内容，但他阅经作解，一定是深有体悟而后作，其中或许也有诸多禅味在。这一理论路向可以从《翠乡梦》中隐约寻得。

该剧中的月明禅师以哑语为重要标识，他通过比画启示，使玉通悟得旧时身，这与李寿卿的《月明和尚度柳翠》中月明和尚度柳翠的方法迥然不同，李氏之作中的度脱是在阎神欲令牛头鬼吏处死柳翠之后，不得已而随月明出家，徐渭用的是哑谜相参、机锋对接的方法。作者借此也说明了禅家机锋之峻利。因此，《翠乡梦》既不是揭露佛教的虚伪，也不着意于宣扬佛法的度脱功能，而主要是禅家顿悟之法的重要。何以与猿啸之悲相统一呢？其悲也许有诸多来源：玉通苦修二十年而未能顿悟，遂被破其色戒，落入了冤冤相报的苦海，此乃为悟法不当而悲。柳宣教仅因玉通未能在其履新时随众庭参，触犯了府尹大人的隆威，遂使闭关二十年苦修的功力毁于一旦，诚所谓"官法如炉"啊！此乃为官宦阴毒而悲。

与《狂鼓史》和《翠乡梦》中可以体味到的丝丝悲凉不同，《四声猿》中的另两部剧作《雌木兰》《女状元》则具有鲜亮的色彩。同时，后两部剧作与前两剧还具有"虚""实"之别。前两剧一是描写九泉之下的狂鼓痛骂情景，一是记述轮回转世过程中的恩怨相续。而后两部剧作则都以现实为场景，都是在大团圆的气氛中落下了帷幕。从中何以感受猿鸣之悲？这是很值得玩味的。

先看《雌木兰》。该剧原本于《木兰辞》，但与原作又有较大不同。《木兰辞》在木兰从军之前，尚有"不闻机杼声，唯闻女叹息"，而在《雌木兰》中则了无叹息之声，只有巾帼的干云豪气。即如剧中所云："万山中活捉个猢狲伴，一锷头平端了狐狸垫，到门庭才显出女多娇，坐鞍轿谁不道英雄汉？"最后以大团圆为结局，木兰省亲还乡时，又与王司训的儿子王郎结拜成亲，王郎又中了贤良文学两科名。一个是"文学朝中贵"，一个是"干戈阵里还"。以忠孝两全，姻缘美满落幕。

《女状元》写的是黄使君之女黄崇嘏，才华卓异。十二岁时，父母相继而亡，以男装应举，并名魁金榜，除授成都府司户参军。在其任上，黄崇嘏不因簿书猥琐而不屑，而是大展惠民束吏之才。后为丞相招其为婿，结果不得已而道出女身，丞相便以其子许配，同样以大团圆作为结局。这一故事最早见载于宋李昉的《太平广记》卷三百六十七《妖怪·人妖》中所引之《玉溪编事》。原作中的黄崇嘏为妖人，与状元之事无关。元陶宗仪《南村辍耕录》卷二十五《院本名目·院幺》中有

108

《女状元春桃记》杂剧，可惜原剧现已失传。对于徐渭何以创作《女状元》，论者也曾有过探讨。有学者认为徐渭一生因离婚妻变等遭遇，当时难免有刻薄家室之诮，在良心上也或许有悔蔑异性的悔悟，创作《女状元》即与此有关。但这种推测似乎难以令人信服，因为与徐渭感情较深的唯有潘氏，而潘氏仅是一位贤淑谨慎之妇，乃至当徐渭入赘于潘家六年期间，"终不私取其家之付藏者一缕以与渭"。这与《女状元》中的黄崇嘏形象相去太远。而王定桂在《后四声猿序》中所说的"《女状元》，悼张也"亦即徐渭因击杀继室张氏而悔之，遂有此作，这更是牵强难解。黄崇嘏的形象是否有徐渭的某种寄寓尚难定论。

需要注意的是《女状元》与《雌木兰》之间的共通性。这两部剧作描写的都是武能定国、文能经邦的巾帼形象，于两人的卓越事功之中，得出了"世间好事属何人？不在男儿在女子"的结论。这在女子无才便是德的封建时代，无疑是骇俗之音。虽然我们不一定对于两剧中主人公的象征意义作过多解读，但是，两剧何以统一在《四声猿》的母题之下，这是颇令人玩味的。

根据现有文献所载，《女状元》乃偶然凑成。徐渭的弟子王骥德记载："《女状元》则命余更觅一事，以足四声之数，余举杨用修所称《黄崇嘏春桃记》为对，先生（徐渭）遂以春桃名崇嘏。"但是，这里面有两点需要注意：其一，在王骥德觅得《女状元》的题材之前，徐渭心中即已有"四声"的总体格局；其二，《四声猿》的题材都是旧题新作，但古代小说戏曲的题材十分丰富，王骥德何以提供、徐渭何以选取这一题材？如果仅简单地解读为王骥德随意觅得一题材，徐渭便据此而凑成"四声"，这对于具有师生之谊的徐、王二人之间的关系来说，是不可想象的。因此，笔者认为，这极有可能是徐渭已经将成熟的总体构思与王骥德进行了沟通，王骥德便依徐渭的创作思路，觅得了与其题旨相应的材料，徐渭遂据此更作，成就了《四声猿》的完整结构。果如此，《四声猿》即是作者精心结构之作。

其中，《雌木兰》与《女状元》描写的是一文一武的巾帼双娇，她们成就了事业，也成就了自己的完美人生。巾帼不让须眉，是两剧的共同主题。但是，看似热闹圆满的场景，何以体现猿鸣之悲？如果联系徐渭的身世，即可以体悟到徐渭在欢愉的外表之下，隐藏着的人生悲叹。徐渭虽有从戎卫国之志，他的朋友中多为定国安邦的御边名将，如李如松、吴兑、俞大猷、戚继光等。他也曾为抗倭等战事屡献猷谋，但科场八不一售，饱受科举之困，不得已寄居幕下。因此，徐渭对于功名事业有格外强烈的渴求。《雌木兰》《女状元》都是描写了巾帼成就了非凡功业，作者的心中滋味我们不难想见，这可以从其笔端透示出他的慨叹："世间好事属何人？不在男儿在女子。"

当徐渭为诸生时，试卷为提学副使薛应旂所激赏，置为第一，并在卷牍之后留有这样的批语："句句鬼语，李长吉之流也。"但是，仍未能够搏得一第。其后胡宗宪从中相助，但忽视了嘱托其中的一位贡生，而适逢徐渭的试卷为该贡生所阅，结果仍未能够见之金榜。可见，科考的成与否，全由试官决定。徐渭所受到的科场苦痛非他人所能体会。因此，我们对《女状元》中这样的文字当有别样的理解："不愿文章中天下，只愿文章中试官。""韵有什么正经，诗运就是命运一般。宗师说他韵好，这韵不叶也是叶的，宗师说他韵不好，这韵是叶的也是不叶的。运在宗师，不在胡颜。所以说'文章自古无凭据，惟愿朱衣暗点头'。"或许，这就是徐渭在热闹场景之下所要表达的猿鸣之哀。

这在徐渭的有关诗文中也得到了印证。徐渭与唐顺之相识，是因为唐顺之听到薛应旂对徐渭之文有很高的评价，因此招徐渭相见，此乃两人过从之始。而徐渭初见唐顺之之时，曾赋诗一首，诗云："帆色乱兼葭，舟行渺陂泽。昼日聚星精，湖水难为白。念此阳羡客，远从东海来。素书授黄石，羯使群公猜。引弓洞七札，矍圃风飕飕。白猿既坐啼，杨叶亦生愁。忽然发白羽，招此文士游。转棹不可止，忽到津西头。柯亭锁烟雾，异响杳不流。独有赏音士，芳声垂千秋。"初见声名显赫的唐顺之，理应欣喜，诗中何以"白猿既坐啼，杨叶亦生愁"？或许，唐顺之已得知了徐渭的心中况味。剧中的少年女子与作者的白发须眉形成了强烈的反差，这也许就是我们理解两剧热闹场面与悲凉心态之间矛盾的钥匙。因此，《四声猿》之基调，在这两部剧作中同样得到了婉曲的体现。

《四声猿》所以受到时人的高度赞扬，还因其独特的艺术成就而被视为明杂剧的代表之作。四部短剧虽然是旧题新演，但无不体现了作者的新颖创造。无论是《狂鼓史》中祢衡与曹操审判位置的颠倒，场景的阴阳切换，还是《翠乡梦》中月明禅师以手势说法,《雌木兰》中的忠孝两全、喜结良缘,《女状元》中的黄崇嘏变人妖为才女,由司户参军变为状元郎,以及结局由原来的不知所踪变为国相子妇等,都体现了《四声猿》是徐渭按照其题旨进行的新的创作,因此,后人对贯注于全篇的气韵与风格尤其赞叹。李廷谟在论及《四声猿》的艺术效果时说:"嗟嗟,野宾夜啸,山冷月飞,水颠石哭。而文长以惊魂断魄之声,呼起睡乡酒国之汉,和云四叫,痛裂五中,真可令渴鹿罢驰,痴猿息弄,虽看剑读骚,豪情不减。"而这一切,都与徐渭汲取了元杂剧的精华,承绪了元杂剧的审美风格有密切的关系,故而澄道人谓之:"宁特与实甫、汉卿辈争雄长,为明曲之第一,即以为有明绝奇文字之第一,亦无不可。"其门人王骥德亦说《四声猿》乃"词人极则,追蹑元人"。王氏所谓"追蹑元人",亦即当行本色,慷慨豪迈之风。近代曲学大家吴梅亦认为:"徐文长《四声猿》脍炙人口久矣,其词雄迈豪华爽,直入元人之室。"尤其是《狂鼓史》一曲中的击鼓痛骂,如雷霆滚滚。作者借祢衡之口,抒胸中块垒,气势慷慨豪荡,苍雄激越,雄词老笔,充分展示了北曲"使人神气鹰扬,毛发洒渐,足以作人勇往之志"的审美效果,这与当时道学气、时文风笼盖的剧坛风气迥然有异,也是《四声猿》受到澄道人、袁宏道等人很高评价的重要原因。

这种本色自然的风格还体现在《四声猿》的语言方面。《四声猿》的曲文宾白很具特色,深受论者好评,如明祁彪佳称赞《狂鼓史》中祢衡之痛骂为:"此千古快谈,吾不知其何以入妙,第觉红上渊渊有金石声。"《翠乡梦》中的 [收江南]

一曲，连用四十句短柱体，八十韵，且全用平声而不着痕迹，本色自然，气韵如虹，显示了徐渭卓越的语言才华，受到了历代论者的极高评价，吴梅先生在《顾曲麈谈》中说："《翠乡梦》中之［收江南］一曲，句句短柱，一支有七百余言，较虞伯生［折桂令］词，其才何止十倍，且通首皆用平声，更难下笔，才大如海，直足俯视玉茗也。"诚为识者之允评。

《四声猿》中曲文风格还与情节的演进相呼应，形成了强烈的戏剧效果。如《狂鼓史》祢衡的骂曹声中，作者安排了一组节奏感极强的女唱："那里一个大鹈鹕呀，一个低都，呀一个低都……丞相做事太心欺，呀一个跷蹊，呀一个跷蹊……抹粉搽脂只一会而红，呀一个冬烘，呀一个冬烘。"

在祢衡的声声叫骂之中，插入了几段诙谐辛辣的唱曲，与祢衡的痛骂庄谐相生，让祢衡的痛骂更增添了几分轻蔑的效果。《四声猿》本色自然的语言风格还是因人物的身份、性情特征而体现出来的，因此，写木兰突出其英武豪迈，而略无"脂粉气"，写黄崇嘏则重其才情卓异，因此开场所唱，虽然是叙述清寒生活，但文辞雅逸："一尖巾帼，自送高堂风烛，偬居空谷。明珠交与侍儿，卖了归补茅屋。黄姑相伴宿。共几夜孤灯，逐年馉粥，瘦消肌玉。翠袖天寒，暮倚修竹。"于清绮之中不乏高风劲骨。既体现了人物的特征，又带有作者傲兀高逸的气韵。

《四声猿》艺术上最大的特征还在于不胶执于陈法的创新精神。对此，祁彪佳在《远山堂剧品》中评《翠乡梦》时有这样的允评："迩来词人依傍元曲，便夸胜场。文长一笔扫尽，

113

直自我作祖，便觉元曲反落蹊径。"评《女状元》云："南曲多拗折字样，即具二十分才，不无减其六七。独文长奔逸不羁，不龉于法，亦不局于法。独鹘决云，百鲸吸海，差可拟其魄力。"祁氏对徐渭的《四声猿》评价极高，四剧俱被列为第一品"妙品"之列。其主要原因有二：一即是其"不龉于法，亦不局于法"，"自我作祖"的创新意识；二则是曲文宾白体现出的"腕下具千钧力"，"第觉纸上渊渊有金石声"的气韵。

祁彪佳论戏曲与吕天成稍有不同，对此，他在《远山堂剧品》中曰："吕以严，予以宽；吕以隘，予以广；吕后词华而先音律，予则赏音律而兼收词华。"可见，这样的审美取向正与徐渭相通，因此，对《四声猿》的赞叹乃情理之中。吕天成对徐渭的评价也同样很高，但是，值得我们注意的是其品评角度，云："徐山人玩世诗仙，惊群酒侠。所著《四声猿》，佳境自足，擅长妙词，每令击节。"他肯定的是徐渭性情与"妙词"，而并未言及"法"矩最严的音律等方面。事实上，徐渭逾"法"而"自我作祖"最为显著的首推音律。对此，吴梅先生对徐渭之作十分惊叹，如他在《瞿安读曲记》中说《狂鼓史》中"[葫芦草混]一曲，系合[油葫芦]、[寄生草]、[混江龙]三牌，从来词家，并无此格"。曾永义先生更认为杂剧中像徐渭这样不守音律的可以说是绝无仅有，他列举了联套和韵协犯律的就在《狂鼓史》《翠乡梦》《雌木兰》中都有出现。除此，《四声猿》中还有诸多不协音律的例子。如《翠乡梦》中[新水令]应后接用[驻马听]，[得胜令]前用[雁儿落]，而《翠乡梦》[新水令]后用[步步骄]，[得胜令]前用［江儿水］，这些都有悖元曲常例。对于徐渭剧作中不协音律的现象，虽然不应过于推赞，因为戏剧是一种舞台艺术，音律是否和美直接影响到作品的艺术效果。但是，对于《四声猿》中不协音律的现象，我们还需将其置于南北杂剧演变过程之中进行考察。

南杂剧的产生是在变革北曲的基础上产生的。当时，魏良辅改良的昆腔十分盛行，北曲也已昆腔化了，沈德符所说的"南腔北曲"即是当时曲坛现状的概括。徐渭戏剧中不协北曲，也体现了南杂剧发展的必然要求，《四声猿》中不协音律在某种意义上正体现了这种变化的轨迹，从这个意义上看，《四声猿》对于南北曲杂用之风的形成起到了关键作用。《四声猿》中，《雌木兰》《狂鼓史》用北曲，《女状元》则用南曲，更被视为"南剧孳乳"。《翠乡梦》则是南北合套，而被史家视为"南之杂剧"。徐渭所以兼用南北，是因剧作的内容而决定的。北曲劲越而南曲婉丽，南北合套，即可以使悲欢离合、壮烈缠绵的不同情节都具有合适的曲调得以表现。虽然明初贾仲明《吕洞宾桃升仙梦》等作品已初露南北夹用的端倪，但真正衍成风气则是在《四声猿》之后，因此，论者常将《四声猿》中的破北曲陈规视为代表明代杂剧发展的新趋向。吴梅先生在《明人杂剧》中说："徐文长《四声猿》中《女状元》剧，独以南词作剧，破杂剧定格，自是以后，南剧孳乳矣。"赵景深先生在《戏剧笔谈》中亦认为"徐渭的剧作代表了明代杂剧的转变"。

随着《四声猿》的问世，剧坛南北合套渐成风气。此后，

115

陈与郊、叶宪祖、王骥德、吕天成、祁麟佳等人都普遍采用南北合套的样式。《四声猿》以其卓越的艺术成就与影响揭开了明杂剧发展历史新的一页。

二、最早的南戏专论：《南词叙录》

在戏曲理论方面，徐渭也有独特的理论贡献。他所著的《南词叙录》是宋元以来唯一的一部南戏专论。分为"叙"与"录"两个部分。"叙"主要记述了南戏的历史，南宫调的性质，南北曲的风格特征，南戏腔调的来源及传播，评述南戏的作家、作品，修辞用韵的方法，考释南戏的术语、方言。"录"分为"宋元旧篇""本朝"两类，记录的是宋元及明代的南戏曲目。

虽然《南词叙录》的作者问题曾有学者提出过质疑，但徐朔方先生所作的《南词叙录的作者问题》提出《南词叙录》仍应以徐渭所作为是。至于徐渭在其诗文中从未述及《南词叙录》，笔者认为这与当时人们对戏曲的认识有一定的关系。徐渭作《四声猿》凿凿无误，《四声猿》不但受到了时人汤显祖的高度评价，徐渭的学生王骥德更记载了《四声猿》的创作过程。但是，徐渭在其诗文中同样也没有言及《四声猿》，当其评述自己的成就时，他自称"吾书第一，诗二，文三，画四"，唯独没有言及戏曲。因此，我们仍将《南词叙录》视为徐渭所作。

《南词叙录》首先叙述了南戏具有悠久的历史，徐渭据叶子奇《草木子》等所载，认为"南戏始于宋光宗朝。永嘉人所作《赵贞女》《王魁》二种实首之"。同时，徐渭更详述了南戏流播的历史，其中值得注意的是徐渭既肯定了文人创作对于南戏发展的贡献，如高明所作的长达四十二出的《琵琶记》在南戏的发展过程中，"用清丽之词，一洗作者之陋"所起到的独特作用。同时，徐渭还注意到了民间俗文学对于南戏发展的贡献。在南戏形成之初，当时的永嘉杂剧之曲词，多以宋人词而益以里巷歌谣，仅因为这些民间文学不叶宫调而未受到士大夫留意而已。他还说："'永嘉杂剧'兴，则又即村坊小曲而为之，本无宫调，亦罕节奏，徒取其畸农、市女顺口可歌而已，谚所谓'随心令'者，即其技欤？"又说："夫南曲本市里之谈，即如今吴下［山歌］、北方［山坡羊］，何处求取宫调？"这些不叶宫调或本无宫调的民间文艺，虽然没有引起文士们的重视，但是徐渭客观地记述了这些民间文艺实乃南戏的重要源头之一。

徐渭作《南词叙录》目的即是要强调南戏是与北杂剧相酌的地位，因此，徐渭开篇即云："北杂剧有《点鬼簿》，院本有《乐府杂录》，曲选有《太平乐府》，记载详矣。惟南戏无人选集，亦无表其名目者，予尝惜之。"由此，徐渭具体分析了南北曲的特点与异同。一方面，徐渭充分肯定了北曲的艺术成就与独特的审美风格，说："听北曲使人神气鹰扬，毛发洒淅，足以作人勇往之志。"又说南曲"终柔缓散戾，不若北之铿锵入耳"。徐渭还肯定了北曲在音乐上占优的传统："胡部自来高于汉音，在唐，龟兹乐谱已出开元梨园之上。今日北曲，宜其

117

高于南曲。"另一方面，他的基本立意则是南北曲各擅胜场，风采各异。他说："南之不如北有宫调，固也，然南有高处，四声是也。北虽合律，而止于三声，非复中原先代之正。""有人酷信北曲，至以伎女南歌为犯禁，愚哉是子！北曲岂诚唐、宋名家之遗？不过出于边鄙裔夷之伪造耳。"又说："今昆山以笛、笙、琵按节而唱南曲者，字虽不应，颇相谐和，殊为可听，亦吴俗敏妙之事。或者非之，以为妄作，请问：［点绛唇］、［新水令］是何圣人著？"徐渭所论，目的在于说明南戏与北曲具有同等的艺术价值。

《南词叙录》还对诸多具体的戏曲问题进行了讨论，其中得失兼有，即使是不尽公允的论述，也体现了徐渭的审美取向及个性特征。如在《南词叙录》中最早对南戏声律问题进行了研究，其中的核心问题是南九宫。徐渭认为"永嘉杂剧"并无宫调，永嘉杂剧原本即村坊小曲为之，本无宫调，亦罕节奏，只是取其使得畸农、市女顺口可歌。这就是谚语所谓"随心令"。虽然间或也有一二协于音律之例，但仅此而已，因此，南戏哪有"九宫"一说。

徐渭并不是一味地反对宫调，只是反对遵法南九宫，他认为，如求宫调，也应当取法宋代的《绝妙词选》，逐一按出宫商，方为高见。如果不可能，徐渭更十分偏激地说："大家胡说可也，奚必南九宫为？"徐渭关于宫调问题的论述显然有失公允。"大家胡说"更是意气之论。他认为的南曲无宫调的说法也值得商榷。王国维先生曾详考南北曲中曲调来由及历史，得出的结论是，南曲五百四十三章之中，出于古曲的有二百六十章；而北曲出于古曲的不过三分之一而已。因此，王国维认为南曲在曲牌方面的渊源更加古老。就宫调而言，周贻白先生考证后也认为，元代南曲已有宫调。笔者认为，造成徐渭南曲无宫调的说法，不是因为徐渭所指之南曲仅限于形成时期的南戏，也不是依北曲来绳尺南曲而使其然。最大的可能是徐渭否认了南九宫的价值，而无九宫作为标准，则南曲便无宫调可以衡量。尽管徐渭否认了南九宫的价值，但他并不反对南曲的曲牌联套，也承认曲律宫调对于戏曲的重要作用。同时，他在分析南北曲特点时，也承认北曲在乐律方面的优势所在。

　　徐渭对于南曲宫调的论述也许不尽符合历史事实，但他否认南九宫的作用，一方面反映了他对南戏形成时期所带有村坊小曲的自然色彩的认同；另一方面，也从一个侧面反映了南戏在宫调、曲牌联套等方面比北曲更加灵活多变的特点。对此，在徐渭的学生王骥德的论述中也可得到印证，王骥德在《曲律》中说："北之歌也，必和以弦索，曲不入律，则与弦索相戾，故作北曲者，每凛凛遵其型范，至今不废；南曲无问宫调，只按之一拍足矣，故作者多孟浪其调，至混淆错乱，不可救药。"可见，南曲确实具有灵活而又随意的特点。徐渭崇尚自然之音，又反对人为的南九宫。重视村坊小曲而又承认规制严整的北曲在宫调乐律方面确实高出于南曲。这种看似矛盾的戏曲理论，其实正体现了徐渭论学求中的特色。

　　南戏在发展过程中随着文人创作的增加，逐渐产生了崇雅的倾向，乃至以时文入曲，乐于用事，徐渭有感于此，对此屡屡提出批评，如在《题昆仑奴杂剧后》中就《昆仑奴》一剧评论道："此本于词家可立一脚矣，殊为难得。但散白太整，未免秀才家文字语，及引传中语，都觉未入家常自然。"又说："语入要紧处，不可着一毫脂粉，越俗，越家常，越警醒，此才是好水碓，不杂一毫糠衣，真本色。""至散白与整白不同，尤宜俗宜真，不可着一文字，与扭捏一典故，及截多补少，促作整句。锦糊灯笼，玉镶刀口，非不好看，讨一毫明快，不知落在何处矣！此皆本色不足，仗此小做作以媚人，而不知误入野狐，作娇冶也。"徐渭对于戏曲中的矫饰扭捏的文字深恶痛绝，这在《南词叙录》中同样得到了体现。

徐渭孜求本色文字，势必会面临方言俗语的问题。方言俗语往往生动形象，且能准确地表现人物的身份、性情，能产生活泼自然的效果。但是，南戏不同于北曲，北曲所使用的北方方言内部区别不大，而南戏则不同，南方的方言差异较大，南戏曲目要广泛传播，就需要对曲中的方言进行适当的解释说明。为此，《南词叙录》中对五十三条方目进行了诠释，成为《南词叙录》的重要组成部分。可见，徐渭对南戏中运用方言的现象是认同的。事实上，在《四声猿》之中，徐渭就屡屡使用方言，如《狂鼓史》中的"浑家""唠噪""兜搭"，《翠乡梦》中的"掇赚""趋跄""乖刺"等，活泼自然，增强了戏谑的效果。

值得注意的是，徐渭同时又认为，"凡唱，最忌乡音"。这是因为，乡音与方言貌相近而实不同。方言是作家创作时所用，乡音则是演员场上所用。戏曲中的方言当是作家创作时谨慎选择的生动活泼、也较为易懂的词汇。同时，方言往往使用在情节自然演进的阶段，而当"语入紧要处"，亦即情节突变的关键，往往都以更加明白易晓的词汇来表达。而乡音则不同，不同地区的演员乡音个个有别，如果演员任意使用乡音，不但影响了戏剧的节奏，还可能影响剧作的流布。因此，徐渭认为戏曲可用方言而忌乡音是很有道理的。尚需指出的是，《南词叙录》中大量的方言释例，也从一个侧面证明了《南词叙录》乃徐渭所作。因为徐渭的另一部鲜为人知的著作《青藤山人路史》中即考释了多种古籍中的方言，其中不乏戏曲中的方言例子，如《西厢记》中的"花木瓜"等。

徐渭主张戏曲中可用方言，是其孜求本色的文学思想的体现。本色论是徐渭文学理论的核心观念之一，但其首先是从戏曲领域肇其端的。徐渭在《西厢序》中云："世事莫不有本色，有相色。本色犹俗言正身也，相色，替身也。替身者，即书评中'婢作夫人终觉羞涩'之谓也。婢作夫人者，欲涂抹成主母而多插带，反掩其素之谓也。故余于此本中贱相色，贵本色，众人喷喷者，我呴呴也。岂惟剧者，凡和者莫不如此。嗟哉，吾谁与语！众人所忽，余独详，众人所旨，余独唾。嗟哉，吾谁与语！"徐渭的本色相色之论是与明代嘉靖年间曲坛的本色问题的讨论密切相关的。李开先、何良俊、王世贞等人都提出了各自的看法，其后臧懋循、沈德符、凌濛初、沈璟、吕天成、王骥德等对此都有论述。讨论又主要以高明的《琵琶记》与施君美的《拜月亭》为典型案例。徐渭的本色论与何良俊、王世贞都有所不同，显示了他独特的审美取向。这需要通过与何良俊、王世贞本色论的比较方能凸显其卓异之处。

在对《琵琶记》的评价方面，徐渭与王世贞颇为相似。徐渭充分肯定了《琵琶记》在南戏发展史上的贡献。同时，对《琵琶记》与《拜月亭》的比较，他也提出："《琵琶》尚矣，其次则《玩江楼》《江流儿》《莺燕争春》《荆钗》《拜月》数种，稍有可观，其余皆俚俗语也。"也就是说，《琵琶记》的成就在《拜月》之上。王世贞对于两者的评价，迥异于何良俊而近于徐渭，他说："《琵琶记》之下，《拜月亭》是元人施君美撰，亦佳。元朗（何良俊）谓胜《琵琶》则大谬也。中间虽有一二佳曲，然无词家大学问，一短也。既无风情，又无裨风教，二短也；歌演终场，不能使人堕泪，三短也。"但是，细玩徐、王二人关于《琵琶记》《拜月亭》的比较，便可以看出他们两人之间的异致。他们虽然都推重《琵琶记》，但出发点迥然不同。王世贞品评曲作的标准在评价《拜月亭》之不足时得到了体现。他认为《拜月亭》的缺失在于"无词家大学问"，"无裨风教"和不能使人堕泪。同时，王世贞还认为《琵琶记》的卓异之处在于"琢句之工"。而徐渭肯定《琵琶记》则与时人迥然不同。他在《南词叙录》中说："或言：'《琵琶记》高处在《庆寿》《成婚》《弹琴》《赏月》诸大套'此犹有规模可寻。惟《食糠》《尝药》《筑坟》《写真》诸作，从人心流出，严沧浪言'水中之月，空中之影'，最不可到。如《十八答》，句句是常言俗语，扭作曲子，点铁成金，信是妙手。"徐渭所说的《庆寿》诸出中的情节，前人的剧作中已多有叙述，文辞典故前人亦有作品可以借鉴。而《食糠》诸出表现的则是赵五娘生养死葬翁姑的艰辛过程，高明所作几无依傍，乃是其真切情感的流露，是剧作家的天才创造。显然，徐渭肯定的是《琵琶记》中"从人心流出"的自然之音，是由常言俗语点化而成的戏曲语言，以及不依傍前人的独创精神。

徐渭与何良俊对剧作的评价同样有所不同。何良俊重《拜月亭》而轻《琵琶记》。对于《西厢记》，何良俊亦有贬议，他认为"《西厢记》全带脂粉"，可见，何良俊对于《西厢记》《琵琶记》的贬议，主要是在作品语言方面不尽符合徐渭的审美标准。从这方面来看，徐渭与何良俊的审美取向颇有相似之处。当然，就其本色论而言，徐渭与何良俊又有诸多不同。徐渭之论本色与当时曲坛时文流行之弊有一定的关系。而何良俊之本色则是针对词曲"才藻富丽"而言，他认为词曲当如"靓妆素服，天然妙丽"，需"意趣无穷"。他对高明《琵琶记》的批评即是如此。他在《曲论》中说："高则成才藻富丽，如《琵琶记》'长空万里'，是一篇好赋，岂词曲能尽之！然既谓之曲，须要有蒜酪，而此曲全无，正如王公大人之席，驼峰、熊掌，肥腩盈前，而无笋、蚬、蛤，所欠者，风味耳。"同时，徐渭的本色论是其"真我"说的具体表现，他的本色论既注重风格的自然，更注重题材之"真"，内容之自然。而何良俊论及戏曲本色，主要是从语言风格以及审美的角度而言。可见，徐渭的戏曲理论在明代曲坛具有独特的价值，尤其是因为他是创作与理论兼擅的作家，深切的创作体验使其戏曲理论更具有现实针对性。

总之，徐渭以戏曲为本的文论是以真我说为中心的，是其哲学、学术思想在文学艺术领域里的自然延展。除了对南戏专论在戏曲理论发展史上占据独特的地位之外，其文艺思想贯及雅俗文学以及书画等领域。徐渭孜求抒写真我，崇尚本色自然的艺术精神在中晚明文坛堪称"崭然有异"，为晚明文艺新思潮的到来起到了导夫先路的作用。

第 7 章

"八法之散圣，字林之侠客"：
徐渭的书论与书艺

　　徐渭诸艺皆通，冠绝一时，而徐渭最为自得的是书法艺术。陶望龄在《徐文长传》中载："渭于行草书尤精奇伟杰，尝言吾书第一，诗二，文三，画四。识者许之。"徐渭不但书艺超绝群伦，且撰有《笔玄要旨》等书法专著，还有计划地搜集整理了《玄抄类摘》凡六卷，除此之外，《书评》《评字》等专论，系统地表现了他的书法理论。

　　徐渭的书法在当时即已名动一时，袁宏道在《徐文长传》中论及徐渭书画成就时说："文长喜作书，笔意奔放如其诗，苍劲中姿媚跃出。予不能书，而谬谓文长书决当在王雅宜、文徵明之上，不论书法而论书神，先生者诚八法之散圣，字林之侠客也。间以其余旁溢为花草竹石，皆超逸有致。"在袁宏道看来，徐渭成就卓异的绘画艺术仅仅是其书法艺术之旁溢之作而已。可见，徐渭对于自己的诸种艺术成就中书艺之独秀的认识并非信口之谈。

一、书法多门

徐渭的书法充分地体现了其舒张个性的特征，诚如袁宏道所谓"字林之侠客"。同时，徐渭不鄙薄古人，他的书法也是经过摹习历代碑帖，涵泳前代书法作品的基础上而形成自己风格的。这从徐渭对于古代书家的品评以及他的自述中即可以看出他的审美取向。

徐渭书法多门，就楷体而言："渭素喜书小楷，颇学钟王，凡赠人必亲染墨。"从其所喜书的小楷来看，以钟王为范，可见他的书艺就其立意而言，是欲求书法之正脉。徐渭楷书宗法钟王，而不学隋唐，这是因为隋唐楷书重法而魏晋则尚韵。钟繇曾说："用笔者天也，流美者地也。"王羲之也有"意在笔先"的尚韵重意的美学思想。魏晋书家变汉代大气磅礴、森严整饬的书风，而追求意趣韵味、动态之美、错落之美、含蓄之美。追求审美趣味而不为法度所拘，这是徐渭美学思想的基本精神，其书法美学也一本于此。

徐渭的行草书则远宗晋人索靖以及其后的张旭、怀素、黄庭坚、苏轼和米芾，近学祝允明等人。徐渭在《评字》中说："吾学索靖书，虽梗概亦不得，然人并以章草视之，不知章稍逸而近分，索则超而仿篆。"晋人索靖长于草书，他曾用赋体写过《草书状》，极言草书"婉若银钩，漂若惊鸾"之美。其书法主张"守道兼权，触类生变"。索靖的章草笔力雄强。徐渭自谓学索靖书未能得其梗概，但是，从他的行草书中时常出现的波形笔意中，仍可体味到索靖章草的意味。

徐渭学索靖未得之"梗概"，似乎更应理解成是书之结体。也就是说，徐渭得索靖章草的主要是笔意，而在结体上则别有渊源。对此，我们从徐渭对唐宋以来诸书家的品评中即可体悟到徐渭的取法与渊源。

张旭与怀素乃唐代草书双璧，且对其后的草书艺术产生了巨大的影响。徐渭同样对二位的书艺赞佩不已，《笔玄要旨》有云："张旭立性颠逸，超绝古今。怀素援毫掣电，垂手万变。"而在《张旭观公孙大娘舞剑器》诗中，徐渭更将张旭书法与公孙大娘的剑法作比喻，十分推崇。徐渭将张旭、怀素笔走龙蛇的狂逸之气融入自己的笔墨之中。不但如此，他还援书入画，将张旭的笔势融入画中。其《旧偶画鱼作此》诗中有云："我昔画尺鳞，人问此何鱼。我亦不能答，张颠狂草书。"

对于宋四家，徐渭在其书学专论《评字》中有这样的论述："黄山谷书如剑戟，构密是其所长，萧散是其所短。苏长公书专以老朴胜，不似其人之潇洒，何耶？米南宫书一种出尘，人所难及。但有生熟，差不及黄之匀耳。蔡书近二王，其短者略俗耳。劲净而匀，乃其所长。"

四家之中对徐渭的影响也不尽相同。苏轼艺通多门，才华卓绝，与徐渭颇多相通之处，但就书艺而论，徐渭受其影响似乎并不太大，其原因有二：一是徐渭经眼的苏轼墨迹有限。他在《书苏长公维摩赞墨迹》中云："予夙慕大苏公书，然阅览止从金石本耳，鲜得其迹。"二是徐渭对苏轼的书风颇有微词。他在《跋大苏所书金刚石刻》中说："论书者云，多似其人。苏文忠人逸也，而书则庄。"对于东坡书风尚欠飘逸之势似乎不无遗憾。对黄庭坚，在《笔玄要旨》中除了有"黄庭坚妙丽清圆"一句之外，再无品评。对于蔡襄，除了在《评字》中肯定其劲净而憾其略俗之外，在《笔玄要旨》中也认为其书"体态妖娇，铅华犹在"。似乎贬义更胜。比较而言，四家之中，米芾对徐渭的影响似乎更大。他在《书米南宫墨迹》中说："阅南宫书多矣，萧散爽逸，无过此帖，辟之朔漠万马，骅骝独先。"他在《笔玄要旨》里也曾屡屡论及米芾，且与对黄庭坚、蔡襄、苏轼的评价不尽相同，几乎都是正面论及。如他说："米芾奇逸超迈。"又曰："苏子瞻以才赡，米元章以清拔"，"米南宫书如天马脱御，追风逐电，虽不必范我驰驱，要自不妨痛快"，等等。徐渭书学米芾也受到了时人的认同。陶望龄在《徐文长传》中曾说："渭论书主于运笔，大概仿诸米氏。"

就明代书家而言，徐渭对祝允明最为敬服，他对祝氏作品苦心访求，爱之若渴，其《致某》书云："昨已对嗣公言，敢求祝枝山两卷一省，仰乞惠赐，卒业谨即护内。"徐渭对祝允明的书体变化也了如指掌，在《跋书卷尾》中曾自述了这样一个颇具戏剧性的情节："董丈尧章一日持二卷命书，其一沈征君画；其一祝京兆希哲行书，钳其尾以余试。而祝此书稍谨敛，奔放不折梭，余久乃得之曰：'凡物神者则善变，此祝京兆变也，他人乌能辨?'丈弛其尾，坐客大笑。"乃至他对祝氏书法有这样的评价："祝京兆书，乃今时第一，王雅宜次之。"徐渭之所以对祝氏书法如此敬服，当是因为祝允明书法（尤其是草书）奇纵变化，充分表现了自我情韵。祝允明有云："情之喜怒哀乐各有分数，喜则气和而字舒，怒则气粗而字险，哀则气郁而字敛，乐则气平而字丽。情有轻重，则字有敛舒、险丽，亦有浅深，变化无穷，气之清和肃壮、奇丽古淡，互有出入。"

徐渭无论是性情还是审美趣味上，都与祝允明多有相通之处。有学者对祝允明与徐渭的书法作品进行比较，发现徐渭的书风深受祝允明的影响：徐渭《草书春雨诗卷》字形运笔明显有祝允明的影响。徐渭的草书如《草书杜甫诗轴》《应制咏剑词轴》等的章法具有一种密集的形式，这与祝允明草书较密、几无行距、各行之间互相迎让穿插的章法颇为相通。因此，祝允明实开启徐渭密集章法之先河。

二、自成系统的书论

徐渭卓荦的书艺与其系统的书学理论具有密切的关系。他的书学专著《笔玄要旨》在汲取融会前人书论的基础上，提出了诸多新颖的见解。并且辑集了《玄抄类摘》六卷，另有品评古代书家的专论《书评》《评字》等。徐渭是明代重要的书学理论家，其书学理论主要集中在用笔论、结体论以及书法鉴赏论几方面。

用笔论

这是徐渭书论中着墨最多的一部分。概可分为执笔与运笔方法两个部分。

首先，关于执笔。徐渭书论十分注重基础，执笔是书写活动的起点。诚如其《玄抄类摘序》中所云："大约书始执笔。"徐渭在《笔玄要旨》开篇也是首先讨论执笔之法，并说："书法最重执笔，此机键也。"徐渭对执笔之法有较全面的论述，其中包括执笔深浅、指法和执笔的原则。关于执笔深浅，亦即手指应执笔管位置高低。执管深浅与书体有直接关系，比较而言，行草书因行笔须较宽纵疏朗，执笔管须较高，如卫夫人云："若真书，去笔头二寸一分，若行草书，去笔头三寸一分执之。"虞世南则说："真一、行二、草三。"徐渭则将书体与结体两个因素结合起来决定执管位置，并且说明了执管深浅与笔力之间的关系，他在《笔玄要旨》说："凡执管须识浅深、长短。真书之管其长不过四寸有奇，须以三寸居于指掌之上，只留一寸一二分着纸，盖去纸远则浮泛、虚薄；去纸近则揾锋，势重，若中品书把笔略起，大书更起。"

关于执笔时的指掌状态，徐渭也提出了自己的看法，他说："世俗多以单指苞之，单钩则时臂着纸，力不足而无神气，便有拘局，而不放浪的意态，必以双指苞管，盖撮中指而敛，食指以助之者也。"指法历来受到书家的讨论较多，是五指并用还是仅用二指、三指？书家们各秉其说，名目繁多，莫衷一是，但较为集中的还是"单钩"与"双钩"之法。"单钩"是主要以拇指与食指的执笔方法。"双钩"是拇指外拓，食指、中指由管外内钩，无名指、小指内屈虚悬而不靠笔管的执笔方法。徐渭认同的是"双钩"执笔法，他说明了"双钩"法的优点。"书法所云拓大指者，大约当以笔在指端运动适意则腾跃顿挫，生意出焉。"徐渭所持的执笔法主要依疏放自在地运笔为依归，这也是徐渭执笔之法的基本原则，因此，他的指法也并不胶执，说："虽云要齐又不必十分牵之使齐，亦要有自在意思方得。"可见，徐渭讲技法但又不拘于技法。

其次，关于运笔。运笔就是字的点画书写过程。运笔是书法的根基，赵孟頫在《兰亭十三跋》中有云："书法以用笔为上，而结字亦须工；盖结字因时相传，用笔千古不易。"赵氏所谓"用笔"，亦即"运笔"。徐渭对运笔十分重视，陶望龄在《徐文长传》中说："其书论主运笔。"徐渭所论的运笔，除了一般的提按、疾迟、用锋等具体技法之外，特别强调了意在笔先，这也是徐渭论书的一大特色，他在《玄抄类摘序》中说："余玩古人书旨，云有自蛇斗、若舞剑器、若担夫争道而得者，初不甚解，及观雷大简云，听江声而笔法进，然后知向所云蛇斗等，非点画字形，乃是运笔，知此则孤蓬自振、惊沙坐飞、飞鸟出林、惊蛇入草，可一以贯之而无疑矣。惟壁拆路、屋漏痕、折钗股、印印泥、锥画沙，乃是点画形象，然非妙于手运，亦无从臻此。以此知书心手尽之矣。"在徐渭看来，"听江声而笔法进"，对"运笔"有了更为宽广的理解，运笔贯注于诸如张旭草书孤蓬自振、惊沙坐飞的意象之中，因此，徐渭之运笔，实乃超越于简单的点画书写，他强调的是运笔之意，说："大凡捉笔在手，便须运意，不可妄加指责下一笔，若此笔才落便须想第二笔如何下。"他在讨论轻重与提按时，强调的是运笔之"活"，他说："是点画引带皆重，非点画处偶相引带，其丝皆轻。予观古之名书，无不点画振动，如见其挥运之时。"又说："用笔专求于力，恐笔死，故不在于力用于力，此用笔之方也。"

如前所述，徐渭的学术思想是求"中"为本，他的书法美学也时时以求中为旨归。书法中运笔疾迟相间、动静相宜往往能使作品体现出不同的风格。就书体而言，篆书、隶书、楷书一般以静态为主，用笔较迟缓，这些作品表现作者的情感往往是理性的。而行草书的运笔则较快，寄寓的情感便是外溢的、冲动的，因此，运笔的疾迟需因书体、情感、审美趣味而定。对此，徐渭提出了自己的观点，说："要迟必先为之速，然后能为之迟，若素不能速专务于迟，必无神气。若专一以速为主又多失势。故未悟淹留，偏追劲疾，不能迅速翻劲迟涩，二者皆非也。故善书者，有缓以仿古，又疾以出奇。"徐渭认为应疾迟有度，疾迟合中，疾而能迟，迟不失疾。

同样，在用锋的问题上，徐渭也体现了兼用求"中"的特征。就藏锋与露锋而言，主张藏锋堪称书法正宗。传为王羲之的《书论》中述及书法的第一要务即是"存筋藏锋，灭迹隐端。用尖笔须落锋混成，无使毫露浮法"。与此相关的则是"中锋"（亦称"正锋"）与"侧锋"的关系。对此，徐渭虽然也主张"存筋藏锋隐端灭迹"，但是，徐渭并不胶执于古法，他说："作字虽用正锋，贵平稳，不可不直矣。若要妩媚亦需微倒其锋，凡偃仰、欹邪、大小、短长皆随字形作之。故曰一起一倒、一晦一明，而神奇出焉。侧锋取妍晋魏不传之秘。"也就是说，正锋、侧锋须相济为用，方可平稳中见神奇。

结体论

所谓结体，是指书法中每个字中点画之间的搭配方法，由各个字的结体构成了空间美感。结构包含两方面的内容：一是结构，二是体势。

首先，结构。宗白华先生在《中国书法里的美学思想》中说："字的结构，又称布白，因字由点画连贯穿插而成，点画的空白处也是字的组成部分，虚实相生，才完成一个艺术品。"字的结体有诸种形态，如回抱型、辐射型等。通过笔画间的俯仰向背，照应回护，构成了一幅作品的平衡、变化美。对此，徐渭也十分重视，他说："字有相向者，有相背者，各有体执，不可差错。"又说："向背覆仰，垂缩互回，勿少失。"又说："向背者如人之顾盼，指画须要得相揖相背之理。故发于左者，必应于右，起于上者必伏于下。"所谓俯仰向背，就是指横竖笔画间的回护照应。以上所引，乃徐渭对于结构的基本原则。除此，徐渭还对具体类型的字形结构进行了讨论分析，力求做到既对应又有主次，既对称又有变化，既有同又有异。

其次，体势。所谓体势，是指构成字的诸笔画线条之间所构成的关系，常被喻为"筋络""血脉"。笔画之间的共生共存的关系，能使作品形成动态的活力。因此，历代书家都孜求作品具有独特的体势，常常观物而得悟，诸如张旭观公孙大娘舞剑而悟得草书中自然游走之态势，雷简夫闻江水夜涨而悟得书法高下奔逐、翻腾回旋之势。徐渭论书亦十分重视书之体势。《笔玄要旨》中说："书要认势，次用裹束，次要上稀，次要中匀，次要下密。""书道切须遏其势，俾令筋骨相连。"除了这些关于书法体势的一般论述之外，更多的是对各体书法体势的论述与描绘。如他状写诸体之间体势风格道："正书端雅庄重，结密得体，若大臣寇剑，俨立廊庙。草书腾蛟起凤，振迅笔力，颖脱豪举，终不失真。草书有圆无方，有直无横。篆籀都无节角，盖欲方中有圆，若如人之露出肌骨则病矣，故不当见棱角，亦不得多脂肉。"徐渭对于楷书与草书的体势论述最多。对于楷书，他说："楷书须手正恬淡，分间布白行笔停匀，亦要有潇洒纵横处，或云真要持重，中有飘逸，谨严中有萧散处。"这是一种颇具特色的审美趣味，也是与宋代以来楷书的发展脉络基本相吻合的。对于草书之体势特征，徐渭说："草书须简易流远，又或华艳飘荡，斯为得之。有云草书以风骨为体，以变化为用，必烟妆雾合，电激星流，如山谷高深峻岭，如龙虎飞动威严，挺然秀出，务于简便则情弛神纵，超逸优游矣。"值得注意的是，徐渭认为草书亦需以风骨为体，因此，他对草书的比喻沉蕴多于飘逸，所谓"山谷高深峻岭""龙虎飞动威严"等。可见，徐渭求中的审美趣味贯注于书法美学的各个层面。

风格鉴赏论

徐渭的书学理论很多是通过品评前人书法作品的审美风格

而体现出来的。《书评》与《评字》不但是重要的书学作品，也是形象生动的散文。书法玄妙奇幻，难以言说，以比喻状写书法之美，往往是鉴赏家常见的审美表现手法。徐渭的《书评》品评了自李斯到唐人薛稷之间的二十二位书家的书艺风格都形象生动，精到绝伦。如他喻嵇康的书风云："嵇康书如抱琴半醉，咏物缓行；又如独鸟归林，群乌乍散。"状写王羲之的书风云："王羲之书如壮士拔山，壅水绝流；头上安点如高峰堕石，作一横画如千里阵云，捺一偃波若风雷震骇，作竖画如万岁枯藤，立一楬竿若龙卧凤阁，自上揭竿如龙跳天门。"与形象状写为特征的《书评》不尽相同，《评字》则主要是对宋元诸书家的理性评述，褒贬精当，分析细致。如他认为黄山谷"书如剑戟，构密是其所长，萧散是其所短"。即使其所十分喜爱的米芾的书法，也客观地指出其不足之处，云："米南宫书一种出尘，人所难及。但有生熟，差不及黄之匀耳。"如果说《书评》是对诸书家的大写意，那么《评字》则如同一幅幅描写书家风韵的工笔画。

从徐渭对书家的品评中也可以看出其求中通变的审美取向。与一般的书家相似，徐渭也崇尚书法之骨力，他在《笔玄要旨》中说："骨格书法之祖，态度书法之余，少态度则未免有毡裘气，而骨格本也。"骨力之形成乃是由于中锋用笔而形成雄健之气，但是徐渭并不执着于雄健一途，而又崇尚萧散爽逸之神韵。徐渭对宋人书法或褒或贬，基本上都以是否具有散逸之风韵有关。但是，从总体而言，这还不是徐渭书法风格论的着意最多之处。徐渭关于书法神采、风格的独特之论在于对媚趣审美价值的正面肯定，这集中在对赵孟頫书法的评价方面，他在《笔玄要旨》说："世好赵书，女取其媚也，责以古服劲装可乎？盖帝胄王孙，裘马轻纤，足称其人矣。他书率然，而《道德经》为尤媚。然可以槁涩顽粗，如世所称枯柴蒸饼者之药。"

徐渭肯定了赵书的风格是与帝胄王孙裘马轻纤的身份特点十分契合的。同时，媚，作为一种书法美学旨趣，还是疗救粗涩之风的良药，亦即媚可以济粗豪而求中。由此亦可以看出徐渭的书法风格论同样受到其基本学术旨趣的制约。同时，徐渭还深入地分析了书法媚姿形成的原因，在《赵文敏墨迹洛神赋》中，徐渭说："古人论真行与篆隶，辨圆方者，微有不同。真行始于动，中以静，终以媚。媚者盖锋稍溢出，其名曰姿态。锋太藏则媚隐，太正则媚藏而不悦，故大苏宽之以侧笔取妍之说。赵文敏师李北海，净均也，媚则赵胜李，动则李胜赵。夫子建见甄氏而深悦之，媚胜也。后人未见甄氏，读子建赋无不深悦之者，赋之媚亦胜也。"

徐渭揭示了"侧笔取妍"的道理。徐渭认为，妩媚若女子艳美，爱美之心人皆有之，曹植见甄氏而悦之，乃是因其有妩媚之态。后人虽未见甄氏，然读曹植的赋作即可感受其美，此乃赋作具有的妩媚之美。因此，徐渭认为，爱妩媚之美乃人之常情，书法亦然，这样便将屡受书论家诟病的"媚"之美给予了正面的肯定，这是徐渭书法美学中一个重要的突破，无异于他在文学领域中倡以抒写真我。这两者都是以不胶执于陈法地表现自我、表现真情为特征的。因此，徐渭在书法风格论方面对妩媚之美的肯认，与明代中后期的时风与士风具有密切的关系。

不难看出，徐渭的书学理论在尊崇传统的同时，又十分重视审美趣味的多样性，也提出了一些独到之见。这种对审美趣味多样性的肯认又意味着对传统的挑战与变革，因此，这与其后逐渐高涨的晚明文艺思潮声气相求。徐渭是一位理论与创作实践兼擅的艺苑俊杰，他的书学理论在他的书法作品中得到了充分体现。

三、"精奇伟杰"的书法艺术

徐渭的书学理论源自他的书法实践。徐渭的书法虽涵泳于古法但又不拘于格法，具有别样的风采。对此，袁宏道在《徐文长传》中认为徐渭书法作品"笔意奔放如其诗，苍劲中姿媚跃出"。并认为徐渭的书法成就超迈于王雅宜、文徵明之上，这虽不无溢美之意，但其对徐渭书法苍劲中见姿媚，不拘法而求神韵，这确实点示出了徐渭书法的特质与风格。

徐渭书法中体现出的苍劲中之姿媚的风格特征，与其特殊人生经历具有直接的关系。徐渭一生命运多舛，遭逢了世间种种苦难，使其胸中充溢着磊落不平之气，毫楮之间自然会流溢出"苍劲"的气韵。同时，与一般书法家常具有的疏狂气质不尽相同，徐渭的"狂"缘自病理，因狂而杀妻，因狂而自残。这种非理性的心理与精神，化成一幅幅写意的画，一页页寄情的书。对其不胶执于法度，我们应有一份同情之理解。不讳言徐渭病态之狂也许有助于对其作品的理性认知。从存世的徐渭书法作品来看，行草书占据绝大多数，这是因为行草书纵情挥洒的空间更大，徐渭恍惚疏狂的心理特点，更易于挣脱现实的羁绊而沉醉于笔下构建的艺术之境。这也许是徐渭鲜论书法而孜求书神的原因之一。因此，唯求书写心志，是徐渭书法作品的重要特征。他在《书季子微所藏摹本（兰亭）》中说："非特字也，世间诸有为事，凡临摹直寄兴耳，铢而较，寸而合，岂真我面目哉？临摹《兰亭》本者多矣，然时时露己笔意者，始称高手。予阅兹本，虽不能必知其为何人，然窥其露己笔意，必高手也。优孟之似孙叔敖，岂并其须眉躯干而似之耶？亦取诸其意气矣！"

可见，即使临摹作品也须以寄兴，以书写真我面目为本，以露己笔意为上，更何况潇洒自如自我创作之行草。徐渭以书表示襟怀，在草书中得到了最明显的体现。他草书中所觅取的是苍劲奇崛、恣肆横溢的意象，而与风舞琼花、泉鸣幽竹的意象迥然不同。这种意象不以恬静婉美的风姿，而是以使人惊愕震撼的风格产生艺术感染力。袁宏道初见徐渭之书"意其骇之"，道出了徐渭草书意象的独特魅力。

如其《草书应制咏剑词》一气呵成，不见半点雕饰痕迹，任情纵横，不拘成法，气势豪迈雄浑，极尽变化之妙，是力和美的完美结合。再如草书诗轴《幕府秋风入夜清》，作者以湿墨和干墨为线条作曲折钩环的运动，全无字际、行际留白之念，整幅作品中奔蛇走虺的情状跃然纸上，其中的一些结字特点鲜明，将"清""钟""新""晴"左右两部分拓开而又相互照应，使疏拓之气息得以流通横溢。而第四行则取纵势，每字纵长结构，上下紧衔，与第三行形成对比。整幅四行则首行多取横势，第二行多取纵势，第三行又取横势，第四行再取纵势，可见其匠心不凡。采用这种交错的节奏，形成充溢的气势，抛却了法度成规，形成了一种奔溢流动、冲激回环的奇怪之美，给人以强烈的激越狂宕之气。同样，《龙溪号篇》疏放自然，结体松散，以圆代方，抛弃了格法成规，给人以乖张诡谲的美感，在徐渭变化多姿的作品中也是风格极为独特的一幅。

徐渭以行草书为代表的书法作品一个显著的特色在于突破了传统的结体与章法，注重整幅作品的神采与气韵，而忽略结体字形。徐渭的行草书一般点画之间顾盼呼应，字与字之间，遂势瞻顾，行与行之间，递相映带，整幅作品如同山间溪流，蜿蜒曲折，回环缭绕，自然流走。视格法为无物，如他的《野秋千卷》开始时尚能列列分明，后半幅不仅无行，列亦斜陈。他的《草书七律一首》行中的字有意越出行外，上下左右漫漶一片，点画狼藉而风采沛然，天真烂漫，浑然天成。同样风格的还有《应制咏剑》《应制咏墨》《春雨诗卷》《杜甫诗轴》《李白诗轴》等。

徐渭作品这种重整体神韵的章法诚如他自己所说："不求形似求神韵，根拔皆吾五指栽。"他的书法构图类似绘画，行气灵活自如。明张岱在《跋徐青藤小品画》中说："青藤之书，书中有画；青藤之画，画中有书。"诚为允评。徐渭的书法将宋人尚意的传统发展到了一个新的境界，他的作品更具有个性特征。就这方面而言，与他大写意的画作，精奇绝伦的《四声猿》等诸艺术作品是神韵相通的。书法艺术堪称是其中抛却格法较为明显的一种，也正因为如此，后人对其书法艺术的褒贬不一也就在情理之中了。

第 8 章

水墨大写意绘画艺术

虽然徐渭自况其艺术成就是书第一,画第二,但受到了后世普遍的质疑,清人周亮工在《题徐青藤花卉手卷后》中说:"青藤自言:书第一,画次;文第一,诗次。此欺人语耳。吾以为《四声猿》与草草花卉俱无第二。"周亮工认为徐渭所绘之"草草花卉"与《四声猿》一样,都是徐渭最为卓绝的艺术创制。同样,朱彝尊也对徐渭的诗文与绘画的成就进行了比较,认为诗文虽然成就斐然,但都有失之繁芜之病,不若画品"小涂大抹,俱高古也"。徐渭开创的绘画史上的"水墨大写意"的画风,开拓了中国古代水墨写意画的新境界。正因为如此,他受到了后世画家的顶礼膜拜。郑板桥曾治一印为"青藤门下牛马走郑燮"。齐白石亦云:"青藤雪个远凡胎,缶老衰年别有才。我欲九原为走狗,三家门下转轮来。"艺术巨擘们不约而同地惊叹徐渭的绘画艺术,足见其在绘画史上的重要地位。

一、以写意为本的画论

徐渭的绘画艺术成就与其独特的画论以及文艺理论是分不开的。徐渭的文艺观以抒写真我为特色。抒写"在方寸间"的真我，决定了徐渭的艺术理论带有鲜明的阳明学色彩，因此，重主体感悟、重写意传神是徐渭孜孜以求的审美理想，这同样在其画论中得到了体现。

徐渭创作了多幅以牡丹为题材的作品，而牡丹向来被视为荣华富贵的象征，布衣徐渭一生坎坷多难，何以对牡丹情有独钟？对此，徐渭在题《墨牡丹》中说："牡丹为富贵花主，光彩夺目，故昔人多以钩染烘托见长。今以泼墨为之，虽有生意，终不是此花真面目。盖余本婊人，性与梅竹宜，至荣华富丽，风若马牛，宜弗相似也。"徐渭所理解的牡丹是他自己心中的牡丹，而非常人眼中的牡丹。这样，我们就可以理解徐渭何以以"泼墨"写牡丹的原因了，虽然困顿的生活与笔下牡丹所具有的富丽品性形成了强烈的反差，但徐渭自己所理解的牡丹，是去除了传统所赋予的寓意的牡丹。因此，他故意以墨写之："五十八年贫贱身，何曾妄念洛阳春？不然岂少胭脂在，富贵花将墨写神。"墨写牡丹，既表达他对现实生活的无奈，也是他慰藉精神的独特方式："茅屋半间无得住，牡丹犹自起楼台。"以水墨淋漓的花卉轮廓，虚其形而得其神。这也是他描绘自然物象的不二追求，他在《枯木石竹》中的题诗道："道人写竹并枯丛，却与禅家气味同。大抵绝无花叶相，一团苍老莫烟中。"略于貌而写其意是他画作特色，也是其画论之神髓。此之"意"，乃作者一己之意，此乃徐渭深受阳明学沐染而使其然。

当然，形神关系问题是中国古典美学一个很重要的范畴，迄至宋元时期，文人写意画逐渐流行，元代倪瓒自谓："仆之所谓画者，不过逸笔草草，不求形似，聊以自娱耳。"可见当时文人画风的改变。徐渭在此基础上，由"形神皆备"的主客观兼顾，转向了"意在象外"，重主观、次客观的大写意画方向的发展。对此，徐渭屡屡在诗文中表现了以传神写意为旨归的审美取向，他在《旧偶画鱼作此》中说："元镇作墨竹，随意将墨涂。凭谁呼画里，或芦或呼麻。我昔画尺鳞，人问此何鱼，我亦不能答。……迤者一鱼而二尾，三尾四尾不知几，问鱼此鱼是何名，鳟鲂鳢鲤鲵与鲸。笑矣哉，天地造化旧复新，竹许芦麻倪云林。"倪云林笔下似芦、似麻的墨竹，徐渭笔下自己莫辨的鱼类，以及他所画的蟹"虽云似蟹不甚似，若云非蟹却亦非"，都体现了写意乃是徐渭最高的追求。诚如其所说："山人写竹略形似，只取叶底潇潇意。"他追求的是"能如造化绝安排，不求形似求生韵"。

与此相关，徐渭在具体创作方法上，还提出了"形"与"影"的关系问题。徐渭在画作中所要表现的"意""韵"，往往是以与"形"相连的"影"为中介的。成功的画作当是"令人舍形而悦影"。他还说："万物贵取影，写竹更宜然。浓阴不通鸟，碧浪自翻天。"什么是徐渭所说的"影"呢？显然，"影"与见诸画面的具体物象的笔墨痕迹不同，当是整个画面构成的总体印象。与形相比，"影"当是朦胧的，留给读者较大的想象空间，如徐渭说："譬如影里看丛稍，那得分明成个字。"竹之影，其"个"不甚分明，正是通过此之不甚分明的竹之画面，传达出了画作中的"潇潇"之意。不但花鸟画需表现物象之"影"，人物画亦然。在《书八渊明卷后》中徐渭"览渊明貌，不能灼知其为谁，然灼知其为妙品也"。作品妙与否，与其形貌是否可辨并无关系。这就是徐渭所孜求的"舍形而悦影"，妙得自然神韵的写意画。

那么，何以写影？何以达意？徐渭主要通过墨的感觉得以体现。他在题《云烟之兴图卷》中说："老夫游戏墨淋漓，花草都于杂四时。"他所谓"墨淋漓"显然是属于泼墨。这种画法较之于积墨、破墨更易于真抒胸臆。而"老夫游戏"之谓，又显然说的是"墨戏"。所谓"墨戏"是宋元以降常出现于画论中的一个绘画术语，也是一个审美范畴。"墨戏"是中国画的一种独特品类，"墨戏"的作者都是文人，他们以游戏自然的创作态度即兴挥洒水墨，其作品以超越形似、脱略既成的画法模式，具有强烈的个性色彩。徐渭屡屡提及自己以墨为戏，如他还说："墨中游戏老婆禅，长被参人打一拳。"徐渭以泼墨作画，正是状影写意的最佳方式。以墨为戏，则从另一个侧面体现了徐渭孜求的并不是状物写景的惟妙惟肖，而是以传达作者游戏之"意"。这样，我们就能够理解徐渭作品中对物象的变形、夸张的艺术处理了。

二、首开水墨大写意的画风

徐渭将明代水墨大写意的画风带入了一个新的境界，他一改明代中期沈周、唐寅、文徵明等吴门画家花鸟自然秀润、恬静优雅的风格，而是以恣肆的笔墨抒写了磅礴飞动的激情，以大胆泼辣、苍茫淋漓的画风改变了传统文人画的蕴藉雅逸之风。因此，徐渭的画作是其寄意的手段。

徐渭的人生是困顿不幸的人生，科场不幸，后又因杀妻而陷牢狱之灾。这样的痛苦与困顿在其作品中得到了充分体现。如他的《墨葡萄画轴》实乃借葡萄而抒写怀才不遇的苦闷。画中的笔墨放纵而无定式，用淡墨与浓墨配合，随意交织曲转出藤，再以墨线勾画出看似凌乱无章的线条表现枝条与叶脉，随后泼染出干湿浓淡、或大或小、了无定式的墨块以表现叶片，最后任意点上几串疏密开合、浓淡相融的墨点来表现葡萄之果。整个画面虽无一定章法，但充满着苍茫之气。尤其是作者将无人采摘而干瘪的野葡萄隐现于如斑斑泪迹的墨色之中，将作者失意孤寂的心情表露得淋漓尽致。同样，画作《雪竹》也是作者寄寓怀才不遇之情的作品，其题《雪竹》诗云："画成雪竹太萧骚，掩节埋活折好梢。独有一般差似我，积高千丈恨难消。"正因为如此，徐渭的画作有许多与自然情境相悖，全凭画家想象而寄予作者特殊情感的作品。如徐渭曾作《雪里荷花》图，内容是将夏之荷与冬之雪共处于一幅之中，这种超越于自然时节的构图，源于作者寄意的需要，其题诗云："六月初三大雪飞，碧翁却为窦娥奇。近来天道也私曲，莫怪笔底有差池。"作者的"笔底差池"是因为天道不公，遂使四时失序，六月飞雪。同样，《雪中芭蕉》将芭蕉、梅花与白雪构成一图。芭蕉夏日青翠，冬日枯萎，但在此图中芭蕉与梅花同时茂盛。题诗云："芭蕉雪中尽，那得配梅花？吾取青和白，霜毫染素麻。"可见，寄意写意是徐渭画作的灵魂和第一诉求。

徐渭的画作常常以物喻人，借物以抒怀。其中既有传统的通过修竹、腊梅表现高洁的襟怀，也有以物讽喻，以物刺时的作品。如徐渭善画蟹，其《黄甲图》，作者用简练的笔触将蟹的形状与神态生动地勾勒了出来，蟹上覆盖的荷叶笔阔气贯、偃仰有致，寓含时值秋令，正是螃蟹脑满肠肥之时。徐渭的题画诗点示了画作的寓意："兀然有物气豪粗，莫问年来有珠无。养就孤标人不识，时来黄甲独传胪。"

明代称会试二甲第一为传胪，后来多以螃蟹两只衔芦苇，以谐音寓意"二甲传胪"。而徐渭的这幅画则直接以蟹喻登第者的得意之相。画面中的螃蟹身体硕大，作者以夸张其体态之"肥"，声气之"豪"，却胸无才秉，珠玉全无。而具真才实学者则不见用于时，以画表达了对当时科举制的憎恶。

徐渭以画写意是在技法上大胆创新的基础上得以实现的。就中国画最基本的元素笔墨而言，虽然自王维起就创造了"破墨"山水的画法，其后，张璪、王洽又创造了泼墨画法。但是，这些画法很快就受到批评，尤其是张彦远重笔的画论，排斥"泼墨"等画法，对后世的文人画产生了重要的影响，因此，在笔、墨关系方面，"笔胜于墨"的观点与作品始终占据画坛上风，真正水墨淋漓的水墨画作品极为罕见，即使仅有湿润而非纵恣笔墨气息的米家山水，也还是受到了很多非议，这是因为在正统者看来，米氏之作终有率意而不严谨之嫌，如董其昌即说："余虽不学米画，恐流入率意。"因此，在徐渭之前、米氏之后画坛并没有真正出现过元气淋漓的画家画作。而徐渭的画作则揭开了中国画发展的新的一页，他以简练的笔触涂抹出物象形态，概括出物象轮廓，而舍去大量的细节描写。

与此相关，他喜用背光状物，这样，即可以将细节让位于整体的神韵与轮廓，徐渭这种"要将狂扫换工描"的画法，与文人画以工笔描画为主的传统大相径庭。对这种颠覆传统的画法，徐渭颇为自得，他屡屡以"涂"状写自己的绘画过程："世间无事无三昧，老来戏谑涂花卉。""知道行家学不来，烂涂蕉叶倒莓苔。""涂时有神蹲在手，墨色腾烟逸从酒。""我亦狂涂竹，翻飞水墨梢。""涂"将徐渭绘画酣畅淋漓、自然流贯的气势准确地表现了出来。因此，在徐渭的画作中，我们感悟到的是奔涌不息的生命气息和动态之美。诚如其题《墨竹》中所言："总看奔逸势，犹带早雷惊。"徐渭画作这一艺术效果的形成，一方面与作者娴静巧妙地运用了破墨、泼墨、胶墨、积墨、蘸墨等用墨技法具有密切的关系；另一方面，就笔法而言，徐渭也将书法与绘画技法结合起来，尤其是以草书入画，增强了画面的流动感与整体感。

徐渭书画都精绝一时，而书画两种艺术门类同根而异表，堪称是联系最为密切的两种艺术。造字之初的书画即同体而未分，六书中的象形字，即是以画为字。因此，赵孟𫖯说"书画本来同"。宋代兴起的文人画在技法上强调以"写"代"画"，将书艺融入绘画艺术之中，这促进了绘画观念由以写实为美到写意为主的转变，使画面更具有空灵、清逸之美，增强了文人画的艺术品位。当然，书体亦有多种，诸体笔法在绘画中的使用效果也明显不同。唐寅即认为工画如楷书，写意如草圣。徐渭的绘画以写意为特色，因此，更注重以草书入画，草书的婉转灵妙，变化多端，更易于宣泄恣肆疏狂的情感。

在这一方面，徐渭与明代画家沈周、唐寅以及友人陈鹤以草书入画的画风颇为相似。徐渭将草书入画与写意画的产生明确地揭示了出来，他在《书八渊明卷后》中说："迨草书盛行，乃始有写意画。"显然，徐渭将草书入画的技法在绘画史上的地位提高到了一个新的境地。徐渭如此注重草书笔法的绘画史论，源于他对草书艺术与绘画艺术的深切感悟和笃实的践行。如他的《苇塘虫语图》以芦苇为题材，画面充满着杂乱的芦苇的秆、叶与芦花。作者纵抹横扫，多取狂草笔法。而《杂化图卷》更被后世学者视为以草书入画的经典之作。全卷共分十段，分别画了牡丹、石榴等十多种花果，整卷酣畅淋漓，萧散痛快。画面多以草书笔法写就。对此，清代学者翁方纲专撰《徐天池水墨写生卷歌》，其中有云："恐是磊可千丈气，夜半被酒悲欹歔。淋漓无处可发泄，根茎不识谁权与？……空山独立始大悟，世间无物非草书。"画家吴昌硕在赞叹徐渭所画《葡萄》时云："想下笔时，天地为之低昂，虬龙失其天矫，大似张旭怀素草书得意时也。"诚如其所云，徐渭的绘画艺术得益于他深厚的书法功力，书艺与画艺的完美结合，使其绘画艺术更达到了一个常人难以企及的境界，焕发出了独特的艺术魅力。从这个意义上来说，袁宏道说徐渭间以书法之余，旁溢而为花草竹石，将其画作视为由书法流溢出的副产品，这也许还不足以表现徐渭画作的成就，却清楚地昭示了徐渭书与画之间的关系。

徐渭的绘画艺术成就在经过身后短暂沉寂之后，随着晚明陈洪绶、张岱等人的推敬，逐渐受到了画坛的重视。张岱乃徐渭好友张元忭的曾孙，曾辑成《徐文长逸稿》。张岱对徐渭的小品文、画作、题跋有这样的评价："今见青藤诸画，离奇超脱，苍劲中姿媚跃出，与其书法奇崛略同。""昔人谓摩诘之诗，诗中有画；摩诘之画，画中有诗。余亦谓青藤之书，书中有画；青藤之画，画中有书。"对徐渭画作的风格以及以书入画、书画交融的笔墨技法作了准确的揭示。其后，石涛、周亮工、朱彝尊、郑板桥、吴昌硕、齐白石等人都对徐渭的绘画艺术予以高度评价，徐渭所开启的笔墨大写意画派，蔚成画苑大宗。徐渭留给后世的诸种艺术样式中，绘画领域的贡献尤为后人称道。也许，这更是便于抒写徐渭虽困顿而不失傲兀疏狂的性情的绝佳艺术样式。

附　录

年　谱

1521 年（明武宗正德十六年）　二月初四生于浙江省山阴县（今绍兴市）。五月，父卒。

1526 年（嘉靖五年）　入小学，初学于管士颜，即读唐诗。

1528 年（嘉靖七年）　稍解经义。师陆如冈，学时文。师奇之。批文云："昔人称十岁善属文。子方八岁，校之不尤难乎。噫，是先人之庆也，是徐门之光也。所谓谢家之宝树者，非子也耶。"

1529 年（嘉靖八年）　已能习为干禄文字。陶望龄《徐文长传》："九岁能属文。"始见萧鸣凤。

1534 年（嘉靖十三年）　《畸谱》："王庐山先生名政，字本仁。十四岁，从之两三年。先生善琴，便学琴。止教一曲《颜回》，便自会打谱。一月得廿二曲，即自谱《前赤壁赋》一曲。然十二三时，学琴于陈良器乡老。"嫡母苗宜人卒，依于兄淮。

1536 年（嘉靖十五年）　拟扬雄《解嘲》作《释毁》。《畸谱》云："十五六时学剑于彭如醉，名应时者，俱不成。"

1540 年（嘉靖十九年）　进山阴学诸生，得应乡科，秋试落第。

1541 年（嘉靖二十年）　成婚于阳江。秋，随兄徐淮归。冬，抵玉山。

1542 年（嘉靖二十一年）　正月，作《梅赋》。夏，复往阳江，冬复归。

1543 年（嘉靖二十二年）　秋试不第，迁居俞家舍。从钱楩游。

1544 年（嘉靖二十三年）　妇翁自甄得罢归，买东双桥姚百户屋。

1545 年（嘉靖二十四年）　三月，长子枚出生。长兄淮卒。冬，有毛氏迁屋之变，失遗产。

1546 年（嘉靖二十五年）　丙午科，落第。秋，出僦居，始立学，以授徒教学为生。十月，妻潘氏去世。丧毕，赴太仓州，失遇而返。

1548 年（嘉靖二十七年）　迁寓一枝堂。从季本学。

1549 年（嘉靖二十八年）　己酉科，落第。迎生母以养。纳妾胡氏。进京。

1550 年（嘉靖二十九年）　出妾胡氏。

1551 年（嘉靖三十年）　寓杭州玛瑙寺。

1552 年（嘉靖三十一年）　应壬子科。时督浙学者薛应旂阅其卷，判为第一，为廪生。九月，乡试落第。涉江东归，作《涉江赋》。初夏赴归安。移居目连巷。

1553 年（嘉靖三十二年）　春，往武进谒薛应旂，阻兵未果。冬，作诗追忆亡妻潘氏。

1554 年（嘉靖三十三年）　作《奉赠师季先生序》。

1555 年（嘉靖三十四年）　应乙卯科，不第。作《龛山战歌》等。冬，启程入闽访内兄。

1556 年（嘉靖三十五年）　自顺昌北游武夷。作《南词叙录》。自顺昌返越。

1557 年（嘉靖三十六年）　入胡宗宪幕府。作《代胡总督谢新命督抚表》。辞归。往平湖设帐授徒。

1558 年（嘉靖三十七年）　作《代初进白鹿表》《代再进白鹿表》等。应戊午科，不第。冬迁往塔子桥。

1559 年（嘉靖三十八年）　徙师子街。夏，入赘杭州王氏。秋，绝之。作《代贺严公生日启》。

1560 年（嘉靖三十九年）　为胡宗宪作《贺严阁老生日启》《进白龟灵芝表》《谢钦赏表》等。聘张氏为继室。

1561 年（嘉靖四十年）　应辛酉科，落第，从此与科场作别。渐患狂病。

1562 年（嘉靖四十一年）　随幕入崇安，再入武夷，至衢，入烂柯山，冬，次子枳生。作《少保公五十寿篇》等。十一月，胡宗宪被逮削籍，文长归越。

1563 年（嘉靖四十二年）　移居酬字堂。冬，赴李春芳招入京。作《南明篇》等。

1564 年（嘉靖四十三年）　仲春，辞李春芳归。秋，因李春芳恫吓而复入京，尽归其聘不内以苦之。是岁甲子，当科，因此之故而未就科试。

1565 年（嘉靖四十四年）　病狂，惧祸自杀，不死，胡宗宪复被逮入狱，死于狱中。

1566 年（嘉靖四十五年）　病狂，杀继室张氏，革生员籍，入狱。

1567 年（隆庆元年）　狱中。作《赠光禄少卿沈公传》等。

1568 年（隆庆二年）　狱中。保释料理生母丧事。作《送张子荩春北上》等。

1569 年（隆庆三年）　狱中。作《参同契》注等。前绍兴府同知俞宪编《徐文学集》，列于《盛明百家诗》后集。

1570 年（隆庆四年）　狱中。元日作《评字》。

1571 年（隆庆五年）　狱中。作《送张子荩会试》等。

1572 年（隆庆六年）　狱中。作《高君墓志铭》《促潮文》等。除夕，释归。

1573 年（万历元年）　获释，归。赴张天复家拜谢。饮于吴。作《哀诸尚书辞》等。

1574 年（万历二年）　张天复死。作《祭张太仆文》等。游诸暨五泄。编《会稽县志》，数月而成。

1575 年（万历三年）　　往游天目山。作《春祠碑》《稽古阁记》等。游南京，纵观诸名胜。作《恭谒孝陵》等。

1576 年（万历四年）　　四月，由南京进京，赴宣大巡抚吴兑幕。在京晤见李如松。作《写竹赠李长公歌》《宣府槐龙篇》《赠方公序》等。

1577 年（万历五年）　　春，归自宣府，寓北京。与张元忭同游摩诃、法藏诸刹。病，仲秋始归越。

1578 年（万历六年）　　赴徽州祭胡宗宪，至严州因病折回。

1579 年（万历七年）　　游禹迹寺。作《送李递卿》等。秋，改葬先考妣。

1580 年（万历八年）　　赴张元忭招，至京。

1581 年（万历九年）　　应李如松之邀赴马水口。狂疾复作，不欲食。

1582 年（万历十年）　　离京南归。仍居目连巷金氏典舍。冬，长子枚决意析居，附其妻家。徐渭与枳徙范氏舍。

1583 年（万历十一年）　　作排律雪诗、《钮太学墓志铭》等。

1584 年（万历十二年）　　作《诸暨学记》《隍灾对》等。

1585 年（万历十三年）　　作《上冢》《麟》诗等。

1586 年（万历十四年）　　晤葡萄牙传教士二人。枳儿出赘王氏。冬，枳归，同徙王家。

1587 年（万历十五年）　　作《寿吴家程媪序》《赠李宣镇》等。

1588 年（万历十六年）　　偕枳往边投李如松。至徐州病归。夏初，吊张元忭，抚棺大恸，云："唯公知我。"不告姓名而去。《四声猿》付刻："西山樵者校正，龙峰徐氏梓行。"

1589 年（万历十七年）　　作《记梦》《旱祷十七韵次陈长公》等。

1590 年（万历十八年）　　作《题青藤道士七十小像》《纪异》等。

1591 年（万历十九年）　　作《题史甥画后》等，合家居住。

1592 年（万历二十年）　　作《春兴八首》等。

1593 年（万历二十一年）　　卒于里。享年七十三岁。

主要著作

1. 《徐文长三集》三十卷（万历二十八年合《文长集》十六卷、《阙编》十卷、未刊稿《樱桃馆集》若干卷而成，故名三集。陶望龄序。末一卷为《四声猿》杂剧。）

2. 《徐文长逸稿》二十四卷。张岱辑。其祖张汝霖序云："余孙维城，搜其佚书数十种刻之，而欲余一言弁其端。"

3. 《徐文长佚草》十卷，明思耕堂写本。

4. 《路史》二卷，明刻本。

5. 《南词叙录》，壶隐居黑格抄本。

另据陶望龄《徐文长传》载："（徐渭）注《庄子内篇》《参同契》、黄帝《素问》、郭璞《葬书》各若干卷，《四书解》《首楞严经解》各数篇，皆有新意。"

参考书目

1. 徐朔方：《徐渭年谱》，浙江古籍出版社，1993 年。

2. 周群、谢建华：《徐渭评传》，南京大学出版社，2006 年。

3. 梁一成：《徐渭的文学与艺术》，台北艺术印书馆，1977 年。

4. 付琼：《徐渭散文研究》，上海古籍出版社，2007 年。